Conserver la Couverture

CHAMBRE DE COMMERCE DE MARSEILLE

EXTRAIT DU REGISTRE DES DÉLIBÉRATIONS

SÉANCE DU 15 MARS 1892

RAPPORT

SUR LE

Compte-Rendu de la Mission Commerciale de M. Barthelmé

DÉLÉGUÉ DE LA CHAMBRE AU CONGO FRANÇAIS

Présenté par M. Georges BORELLI, membre de la Chambre de Commerce

COMPTE-RENDU

DE LA

Mission Commerciale de M. Barthelmé, délégué de la Chambre au Congo français

---

MARSEILLE
TYPOGRAPHIE ET LITHOGRAPHIE BARLATIER ET BARTHELET
Rue Venture, 19.
1892

CHAMBRE DE COMMERCE DE MARSEILLE

EXTRAIT DU REGISTRE DES DÉLIBÉRATIONS

SÉANCE DU 15 MARS 1892

RAPPORT

SUR LE

Compte-Rendu de la Mission Commerciale de M. Barthelmé

DÉLÉGUÉ DE LA CHAMBRE AU CONGO FRANÇAIS

Présenté par M. Georges BORELLI, membre de la Chambre de Commerce

COMPTE-RENDU

DE LA

Mission Commerciale de M. Barthelmé, délégué de la Chambre au Congo français

MARSEILLE
TYPOGRAPHIE ET LITHOGRAPHIE BARLATIER ET BARTHELET
Rue Venture, 19.

1892

EXTRAIT DES REGISTRES DES DÉLIBÉRATIONS DE LA CHAMBRE DE COMMERCE DE MARSEILLE

Séance tenue le 15 Mars 1892

. . . .

M. Georges Borelli donne lecture du rapport suivant sur le Compte-rendu de la Mission Commerciale de M. Ch. Barthelmé, délégué de la Chambre au Congo français.

Messieurs,

Par sa lettre en date du 18 février 1891, M. de Brazza, commissaire général du gouvernement au Congo Français, demandait aux Chambres de Commerce de Paris, Marseille, Lyon, Bordeaux et Rouen, de décider l'envoi de délégués pour étudier les besoins de la colonie au point de vue du commerce français et *prendre les renseignements positifs pouvant servir de base à des opérations rémunératrices entre la métropole et la colonie.*

Vous avez répondu à cet appel et désigné M. Barthelmé, qui s'est embarqué, le 10 mai suivant, avec ses collègues délégués.

M. Barthelmé, revenu en France à la fin d'octobre, vous a remis son rapport, retardé par une longue maladie contractée au Congo. Vous m'avez chargé de l'examiner ; j'ai l'honneur de vous soumettre le résultat de cet examen.

Les Chambres de Commerce de Lyon et de Bordeaux ont bien voulu nous adresser les rapports de leurs délégués ; nous n'avons malheureusement pas pu avoir ceux de Rouen, ni de Paris, mais celui de M. Barthelmé suffit. Il est aisé de voir qu'il est fait par un homme connaissant les affaires d'Afrique ; il peut être utile à nos concitoyens. Je vous propose d'en voter l'impression et de témoigner notre satisfaction à M. Barthelmé de la façon dont il a compris et exécuté sa mission.

La Chambre aura également à examiner dans quelle mesure il lui conviendra de reconnaître les services de son délégué.

———

Le Congo Français se trouve situé dans la partie centre-méridionale de l'Afrique, au Sud du golfe de Guinée, ayant pour limites : à l'Ouest, le littoral de l'Atlantique, du 2° degré de latitude Nord au 5° degré de latitude Sud ; au Nord, une ligne conventionnelle Ouest-Est le sépare de la colonie allemande de Cameroon jusqu'à 400 kilomètres environ dans l'intérieur et, à ce point, la limite Ouest du Congo Français remonte droit au Nord sans détermination de terme ; à l'Est, la limite de notre sphère d'influence, indéterminée dans le centre, se précise au coude de la rivière Oubanghi, par le 5° degré latitude Nord et le 17° degré longitude Est, pour suivre de là le cours de cette rivière jusqu'à sa réunion avec le Congo et le Congo ensuite jusqu'à Brazzaville, situé par 4° latitude Sud et 13° longitude Est. Là, notre frontière quitte le fleuve et, par une ligne à peu près Est-Ouest, vient aboutir à la mer, à 150 kilomètres Nord environ de l'embouchure du Congo.

Il suit de là que notre expansion, contenue à l'Ouest et au Sud, peut se donner libre carrière dans la direction du Nord et de l'Est, c'est-à-dire vers le centre de l'Afrique.

Les produits du Congo Français sont par ordre d'importance l'ivoire, le caoutchouc, les bois d'ébénisterie et de teinture, l'huile de palme, les graines d'amandes de palme. Ce sont là les produits immédiats; mais combien d'autres seront encore à notre disposition, le jour où ces immenses et riches contrées seront plus connues et mieux exploitées.

Cinq maisons principales sont établies dans le pays : deux françaises, deux anglaises, une allemande et quelques autres de moindre importance. Les comptoirs du bord de mer servent de dépôt; de nombreuses succursales sont établies dans l'intérieur, et de chacun de ces centres rayonnent les traitants auxquels sont confiées les marchandises d'Europe. Tous ces établissements sont reliés entre eux, au moyen d'embarcations, par les nombreux cours d'eau qui sillonnent le pays.

Les transactions se font par voie d'échange, comme dans tous les pays primitifs; les marchandises d'importation sont en grande partie de provenance anglaise, il faut le reconnaître, mais il ne faut pas en déduire, comme certains esprits superficiels, un argument contre la voie coloniale dans laquelle notre pays est heureusement et largement entré. Ce serait prendre l'effet pour la cause.

Après avoir possédé l'immense et magnifique empire colonial qui fait aujourd'hui la richesse de l'Angleterre, la France se l'est vu arracher par sa rivale heureuse et acharnée. Notre pays est demeuré un siècle presque sans colonies ; cette période coïncide avec l'énorme mouvement manufacturier qui s'est produit en Europe. Si l'intérêt de l'Angleterre était de produire les objets nécessaires aux nombreuses populations de son domaine colonial, quel intérêt avaient les producteurs français à agir de même ? Nos industriels ne pouvaient être incités à fabriquer ces articles communs et à bon marché qui forment la base des transactions avec les peuples primitifs, et ils se sont appliqués à produire, dans toutes les branches, les objets nécessaires aux peuples civilisés ; la préférence qui accueille dans le monde entier les œuvres de nos industriels témoigne de leur savoir faire.

Aujourd'hui que la France s'est reconstitué un grand empire colonial, nos compatriotes, n'en doutons pas, Messieurs, sauront nous fournir les éléments de ces affaires nouvelles.

M. Barthelmé s'étend longuement sur le pourcentage de bénéfice obtenu par les maisons établies au Congo. C'est là une erreur ; la base manque, car les agents ne lui ont pas ouvert leurs livres ; et, l'eussent-ils fait, les factures émanent non du fabricant, mais de la maison mère qui les établit comme il lui convient.

D'ailleurs, la différence entre le prix d'achat et le prix de vente est un élément d'appréciation essentiellement variable pour des opérations dont les frais généraux sont aussi considérables et aussi divers.

Pour en donner une idée, il suffit de citer les transports de Loango, un des points fréquentés de la côte, à Brazzaville, un des centres du commerce, transports évalués par M. Barthelmé à 1,000 fr. la tonne. Et il faut en calculer autant pour les produits de retour.

Il est une méthode plus simple d'appréciation : Les maisons citées par M. Barthelmé sont établies dans le pays depuis longues années et elles subsistent, donc elles font leurs affaires ; d'autre part, le pays est grand et riche, mais absolument dénué de routes terrestres ; les affaires se limitent à la zone accessible des cours d'eau et la valeur des exportations ne dépasse pas 7 à 8 millions par an. Il y a donc beaucoup à faire encore et, dans cette immense pays d'Afrique ouvert à tous aujourd'hui, plus qu'ailleurs le soleil luit pour tout le monde ; c'est au plus intelligent, au plus laborieux, au plus audacieux de se faire la meilleure place.

Les premiers ont eu la part la plus belle, c'était justice. Et maintenant qu'ils ont ouvert la route, aujourd'hui que deux lignes de vapeurs français ont considérablement rapproché ce pays, les nouveaux venus pourront, avec des capitaux moins considérables et des difficultés moins grandes, pénétrer plus avant dans l'intérieur et trouver soit dans le commerce, soit par la culture, l'emploi de leurs facultés de plus en plus difficiles à utiliser dans notre Europe encombrée.

Le système fiscal est protecteur. Les marchandises de provenance française sont privilégiées. L'opinion de M. Barthelmé, qui a pu en juger, est que l'avantage donné aux articles français n'est pas encore suffisant pour leur permettre de prendre la place des similaires de provenance étrangère. Il en résulte que ce système, tout en ne favorisant que d'une façon à peine sensible l'introduction des articles français, nuit au développement du commerce de la colonie, en ce sens que les négociants doivent acquitter des droits élevés, sans pouvoir, le plus souvent, retirer de meilleurs prix des marchandises qu'ils vendent.

Je n'ai pas à donner un avis sur le système adopté par l'administration du Congo français. Le régime fiscal de chaque colonie pouvant et

devant même différer suivant sa situation, ses besoins, son organisation et ses voisins. Mais, en principe, il est mauvais de vouloir retirer des revenus fiscaux d'une colonie nouvelle, nous devons réagir contre une tendance malheureusement aussi générale que fâcheuse de nos administrateurs. Les colonies ne sont point faites, à leur naissance, pour venir en aide à la métropole, c'est le contraire qui est la vérité ; la métropole se doit à sa colonie, elle en a la tutelle et doit se résigner à des sacrifices temporaires pour faciliter, au début, son essor et son développement.

Les taxes établies, en tous cas, doivent trouver leur compensation et leur application en travaux utiles au commerce qui les a payées : ports, warfs, routes, etc. C'est de la justice absolue. Au Congo, tous les délégués s'accordent à déplorer le manque complet de routes de terre qui rend inexploitable la plus grande partie de l'immense territoire ; et, pendant que les transports se font à mille francs la tonne entre Loango et Brazzaville, nos voisins, les Belges, établissent dans la colonie voisine un chemin de fer qui mettra dans leurs mains tout le commerce de l'intérieur. Plus bas, les Portugais ont déjà une ligne ferrée en pleine exploitation. Or, on prête à M. de Brazza administrateur du Congo français, le projet d'une expédition dans le Nord vers le lac Tchad. Ce serait bien mal employer les ressources de la colonie qui ne bénéficierait en rien de cette expédition, tandis qu'elle a un urgent besoin de voies de communication.

Le lac Tchad, au cœur du continent, situé par 13° latitude Nord et 12° longitude Est, est l'objectif des aspirations anglaises, son contact étant presque immédiat avec les territoires du Niger. Les Allemands ont les mêmes vues, l'Hinterland du Cameroon n'en étant pas plus éloigné.

A nous, Français, le lac Tchad paraît être le nœud qui réunira notre Hinterland du Sud de l'Algérie avec notre empire du Congo largement étendu vers le Nord. Mais si le Tchad est à 1,000 kilomètres du littoral anglais et allemand, il est à 2,000 kilomètres du littoral français du Congo. L'expédition Crampel, si misérablement terminée par l'assassinat de son chef, ne pouvait donc avoir qu'un intérêt scientifique ; la possession du Tchad et des riches contrées qui l'avoisinent, quelle que soit la couleur du drapeau qui y flottera, ne peut dans les conditions actuelles profiter qu'aux Anglais ou aux Allemands, aux Anglais, surtout, à cause de la voie d'eau qui, par le Niger et son affluent, la Bénoué, donnera plus tard l'écoulement naturel aux produits de ces régions vers la mer.

Cela ne veut point dire que nous devons nous désintéresser de la question du lac Tchad, loin de là, mais c'est une utopie que de vouloir l'aborder par le Sud, utopie qui a déjà causé le désastre de Crampel et sa mort, utopie qui, si elle est poursuivie, occasionnera de nouveaux désastres sans la moindre compensation. Nous aurons tiré les marrons du feu pour le plus grand intérêt des anglais.

Le Tchad, quand le moment sera venu, doit être abordé par le Nord. Il n'est pas plus éloigné de notre terre algérienne que de notre littoral du Congo dans le Sud. L'Algérie, prolongement de la France sur la terre d'Afrique, est une base sûre et puissante pour pénétrer à l'intérieur. C'est là, et non ailleurs, que se trouve la solution certaine du problème. Est-ce à dire que nous devons nous mettre immédiatement à l'œuvre et faire le Transaharien? Cela n'entre pas dans le cadre de cette étude. Mais, ce qui est hors de doute, c'est que si le Transaharien se fait, les produits des grands et riches empires africains qui avoisinent le *Tchad-Ouadai, Baghirmie, Adamaoux, Bornou, Sokoto, Damergou*, s'écouleront vers l'Europe par voie exclusivement française.

Le récent partage de l'Afrique attribue à la France, par l'Hinterland de ses possessions algériennes, du Sénégal et du Congo, une sphère d'influence représentant environ le tiers du continent. C'est vingt fois la superficie de notre France européenne. La métropole est absolument impuissante à mettre en valeur ces immenses contrées par les procédés administratifs. Ou nous devons avouer notre incapacité à la face des autres nations, ou nous devons, comme elles, procéder par la voie des grandes Compagnies. M. Etienne, alors sous-secrétaire d'Etat des Colonies, l'avait compris, lorsque réunissant, l'an dernier, le Conseil supérieur des Colonies, reconstitué par lui, il lui avait communiqué un plan complet d'organisation. Ce plan, qui témoigne d'une profonde connaissance des choses coloniales, vous l'avez examiné, Messieurs, et approuvé dans toutes ses parties. Nous devons espérer que l'œuvre de M. Etienne sera continuée par son successeur.

Ce Rapport entendu, la Chambre en approuve les appréciations et les conclusions.

Elle décide l'impression du Rapport de M. Borelli celle du Compte-rendu de M. Barthelmé.

Elle décide, en outre, d'accorder à ce dernier une somme de 1500 francs en témoignage de sa satisfaction pour la manière dont il a compris et exécuté le mandat qu'elle lui a confié.

COMPTE-RENDU

DE

La Mission Commerciale de M. Barthelmé, délégué de la Chambre au Congo français

---

Suivant les instructions contenues dans la lettre en date du 30 avril 1891, qui m'a été remise par M. le Président de la Chambre de Commerce de Marseille, je me suis embarqué le 10 mai suivant à Bordeaux, à bord du paquebot *Ville-de-Maceio*, de la Compagnie des Chargeurs Réunis, allant à Libreville, capitale du Congo français.

Sur le même vapeur, avaient également pris passage les délégués des Chambres de Commerce de Paris, Lyon, Bordeaux et Rouen, chargés d'une mission commerciale au Congo analogue à la mienne.

Après avoir fait escale à Las Palmas, Dakar, Conakry, Sierra-Leone, Grand-Bassam, Cotonou et Lagos, le navire jeta l'ancre en rade de Libreville le 3 juin. La traversée avait duré 24 jours avec un temps propice, et n'avait été marquée par aucun incident digne d'être signalé.

Le jour même de l'arrivée, je me rendis avec mes collègues auprès de M. de Brazza, auquel nous présentâmes nos lettres d'introduction. Nous reçûmes de lui, ainsi d'ailleurs que de tous ses subordonnés, le meilleur accueil.

Nous décidâmes ensuite de nous partager en deux groupes, en prévision des difficultés que nous eussions éprouvées en voyageant ensemble.

les installations et les provisions de bouche faisant défaut da .s la plupart des pays que nous devions visiter. Le premier groupe fut composé des délégués de Paris et de Bordeaux, je fis partie du second avec les délégués de Lyon et de Rouen.

Situation géographique.

Le Congo français s'étend sur le littoral depuis la rivière Campo, située entre le 2e et le 3e degré de latitude Nord, jusqu'à Massabi, point situé sur le 5e degré de latitude Sud, soit une distance de 8 à 900 kilomètres.

Il est séparé, au Nord, de la colonie allemande de Cameroun par une ligne conventionnelle partant du littoral et allant jusqu'à 12°40′ de longitude Est du méridien de Paris. Cette ligne fait ensuite un angle droit et se dirige vers le Nord. Une étendue d'environ 325 kilomètres de large sépare cette ligne de l'Oubanghi, qui est le principal affluent du fleuve Congo, et dont la rive droite est la limite de nos possessions vers l'Est. Un poste a été établi sur l'Oubanghi par 4°15′ de latitude Nord, et a servi à étendre notre influence jusqu'au Baguirmi.

Au Sud, le Congo français est limité par l'enclave portugaise de Landana et ensuite par l'Etat libre du Congo. Depuis Manyanga jusqu'à son confluent avec l'Oubanghi, le fleuve Congo sépare le Congo français de l'Etat libre du Congo, et sa rive droite nous appartient.

Les bassins de l'Ogowé et de l'Alima sont donc entièrement soumis à notre influence ainsi que les pays avoisinants.

Je dois mentionner que le pays de Batah-Benito, s'étendant sur le littoral depuis la rivière Mouny, à 40 milles environ au Nord de Libreville, jusqu'à la frontière de la colonie allemande du Cameroun, nous est contesté par les espagnols, mais leurs prétentions sont injustifiées, nos droits sur le pays étant établis par des traités antérieurs à ceux qu'ils ont passés avec les indigènes. Il s'agit d'une étendue de 100 milles de côte. Lorsque les espagnols seront convaincus de l'inutilité de leurs réclamations sur ce rivage, ils n'auront plus aucune raison de se maintenir aux îles voisines Elobey et Corisco, qu'ils nous abandonneront sans doute.

I. — Nature et importance de la production des pays visités.

Libreville est la capitale du Congo français. J'y ai séjourné, à différentes reprises, dans les intervalles qui se sont écoulés entre mes voyages partiels qui tous m'y ont ramené. Les diverses maisons qui se partagent le commerce du Congo français, ont toutes leur siège principal à Libreville.

Il ne se fait dans cette ville aucune transaction par voie d'échange. Le commerce y est purement local et tous les paiements s'effectuent en espèces. Cela vient de ce que les communications par terre avec les contrées avoisinantes n'existent pour ainsi dire pas, et que les indigènes sont dépourvus d'embarcations leur permettant de se rendre au chef-lieu par la mer. Ils n'ont pas d'ailleurs grand intérêt à se déplacer, car, dans toutes les rivières, les commerçants ont établi des factoreries à proximité des principaux villages.

Le Gouvernement et les maisons de commerce paient tous leurs employés et ouvriers en espèces. Comme ils sont assez nombreux, le chiffre annuel d'affaires qui se fait à Libreville est à considérer. Je l'estime à F. 5 à 600,000 au minimum.

Les marchandises sont vendues sur place avec une majoration de 80 à 100 % sur le prix de revient. Les frais de personnel, les intérêts, etc., pèsent lourdement sur les résultats des affaires ; malgré cela les bénéfices sont encore notables. A mon avis, les résultats obtenus à Libreville même sont meilleurs que dans les diverses rivières de la colonie, comme je le démontrerai par la suite.

Libreville possède une rade assez sûre pour les opérations de débarquement et d'embarquement, mais on ne peut procéder que lentement, les navires étant forcés de mouiller à une distance d'environ un mille de terre. Si le mouvement d'affaires devenait plus important, il serait nécessaire, dans l'intérêt général, d'établir un service public de remorquage. Les Compagnies françaises de navigation « Fraissinet et Cie » et « Les Chargeurs Réunis » ont à bord de leurs vapeurs qui font un service mensuel entre la Métropole et Libreville, une chaloupe à vapeur pour activer les opérations en rade.

Le Wharf du gouvernement n'a pas la longueur suffisante pour permettre l'accostage aux embarcations de fort tonnage. Il est, en outre, trop étroit, et, par suite, trop facilement encombré par les marchandises. Tel qu'il est, cependant, il peut suffire aux besoins actuels, mais il n'en serait plus ainsi si la colonie se développait un peu rapidement, comme il est permis de l'espérer en voyant les regards qui sont en ce moment tournés vers elle.

Rivières Komo et Rhemboé.

J'ai quitté Libreville, le 13 juin, pour faire ma première tournée dans les rivières Komo et Rhemboé dont les embouchures sont situées au fond de l'estuaire du Gabon, à une distance d'environ quinze milles de Libreville.

Les principaux produits que l'on trouve dans ces rivières sont le caoutchouc, le bois de santal rouge pour la teinture, l'ébène en faible quantité, et très peu de gomme copale.

Le caoutchouc provient de lianes de la grosseur d'un petit arbre. Pour l'extraire, les indigènes procèdent de la façon suivante :

Après avoir coupé la liane presque au ras de terre, ils l'emportent dans leur case où ils la débitent par morceaux qu'ils disposent sur une sorte de clayonnage élevé de $0,50^{cm}$ environ. Ils placent au-dessous des récipients dans lesquels le suc laiteux vient s'égoutter. Pour le coaguler, ils mélangent le liquide ainsi obtenu avec de l'eau de mer ou simplement de l'eau salée.

Cette opération dure quelques jours. Lorsqu'elle est terminée, l'indigène façonne son caoutchouc en boules de 2 à 300 grammes dans lesquelles il prend soin d'introduire des pierres ou autres corps étrangers destinés à en augmenter le poids. Cette fraude est généralement pratiquée par les indigènes. La seule manière de l'empêcher serait pour les négociants de faire couper les boules en deux, ainsi que le font d'ailleurs les facteurs avisés, mais cette mesure devrait être prise par tous pour produire son effet.

Le caoutchouc dont il s'agit est d'une qualité inférieure. On l'achète à raison de F. 2 le kilo ; après le triage et le lavage, il revient à F. 2,60 à 3 le kilo. Ce produit est trop sujet à des fluctutions sur les marchés d'Europe pour pouvoir pronostiquer sûrement des résultats de la traite faite dans ces conditions, mais je crois que, d'une manière générale, elle ne doit guère laisser de bénéfices, vu la quantité secondaire de ce caoutchouc.

Le bois de santal pourrait être exploité sur une assez grande échelle ; malheureusement, les prix d'Europe ne sont guère favorables actuellement à l'achat de ce produit. On le paye à l'indigène environ F. 20 la tonne, le fret varie de F. 35 à 42 ; si l'on y ajoute les énormes frais de manutention : transport à Libreville, débarquement, magasinage, embarquement pour l'Europe, on arrive certainement à un total qui dépasse les cours sur les marchés d'Europe, c'est-à-dire F. 78 à 80.

De tout temps, les bénéfices opérés sur l'achat de ce produit ont dû être nuls ; on comprendra donc facilement qu'avec la baisse qui s'est produite en Europe sur l'article, et les frais de factorerie qui vont sans cesse en augmentant sur les lieux de traite, tandis que l'on est forcé par la concurrence de se contenter d'un bénéfice de plus en plus restreint sur la vente des marchandises, les négociants aient fini par délaisser le bois de santal qu'ils ne reçoivent plus des indigènes, à l'heure actuelle, qu'en petites quantités, sous la condition qu'ils apportent en même temps de bons lots de caoutchouc.

Je ne parlerai pas ici du bois d'ébène ni de la gomme copale dont les deux rivières Komo et Rhemboé ne produisent que de faibles quantités.

Dans la rivière Komo, les factoreries sont groupées à environ 15 milles de son embouchure ; la plupart sont situées sur la petite île de Ningué-Ningué qui se trouve au milieu de la rivière ; une autre est installée sur la rive droite, en face de cette île. Enfin, un ponton mouillé près de cette même île, sert de factorerie à la maison allemande Woermann.

Dans la rivière Rhemboé, les factoreries se trouvent également concentrées sur un même point qui est le village d'Acondjo, à une vingtaine de milles de l'embouchure.

Le chiffre total des affaires faites dans les deux rivières, dans le cours d'une année, ne doit guère dépasser 3 à 400,000 francs.

Les marchandises sont vendues avec une majoration moyenne de 100 0/0 sur le prix de revient. En déduisant les frais de factoreries qui sont assez élevés pour un chiffre d'affaires d'importance modeste, et en tenant compte des risques courus dans un pays où la sécurité n'existe que peu ou point, j'estime que les bénéfices nets peuvent se monter encore à 20 ou 25 0/0, résultat qui serait satisfaisant s'il pouvait être obtenu régulièrement.

La canonnière de l'Etat sur laquelle j'avais pris passage avec mes collègues de Lyon et de Rouen ayant terminé sa journée, nous sommes rentrés à Libreville le 23 juin, attendant une nouvelle occasion pour nous rendre dans la rivière Ogowé.

Le 28 juin au soir, le bateau de la Compagnie des « Chargeurs Réunis » l'*Eclaireur*, faisant le service annexe postal de l'Ogowé, partant pour cette rivière, nous en profitâmes pour prendre passage à bord.

Cap Lopez. Notre première relâche eut lieu au Cap Lopez distant d'environ 80 milles au sud de Libreville. Le Cap Lopez n'est qu'à environ 8 milles de l'embouchure la plus rapprochée de l'Ogowé, aussi ce point sert-il d'entrepôt aux marchandises et produits à destination de cette rivière ou en provenant.

La rade de Cap Lopez est plus belle que celle de Libreville. Les bateaux peuvent mouiller très près du rivage, et les opérations de débarquement et d'embarquement y sont facilités par une mer toujours calme.

Chaque maison établie dans l'Ogowé possède une ou plusieurs chaloupes à vapeur qui, toute l'année, font la navette entre cette rivière et le Cap Lopez où chaque maison aussi a un entrepôt pour marchandises et produits. Une seule fait exception, la maison anglaise Hatton et Cookson, parce qu'elle dispose d'une chaloupe à vapeur assez grande pour lui permettre le transport direct de et à Libreville.

Cap Lopez est desservi mensuellement par les vapeurs des « Chargeurs Réunis » et de la Compagnie Woermann ainsi que par ceux des lignes anglaises.

Après un séjour de 24 heures sur ce point, notre bateau se remit en marche et nous entrâmes peu après dans l'Ogowé.

Dans le bas du fleuve jusqu'au poste de Lambaréné, se voient de nombreux villages dont les habitants ont pour unique occupation la coupe du bois qu'ils vendent comme combustible aux chaloupes à vapeur. Ce mode de chauffage revient assez bon marché. Les indigènes vendent en effet les 100 bûches F. 10 payables en marchandises, ce qui équivaut à F. 2,50 à 3, prix d'Europe ; ces 100 bûches procurent, en moyenne, une marche de 3 heures.

L'Ogowé est navigable jusqu'à N'djolé à 200 milles environ de l'embouchure. A quelques kilomètres plus loin, commencent, en effet, les rapides.

Pendant la saison des pluies, la navigation est facile, les eaux atteignent une hauteur de 3 à 4 mètres ; mais, pendant une partie de la saison sèche, du 15 juillet au 15 octobre, on ne peut s'y aventurer avec un bateau calant plus d'un mètre, et encore faut-il avoir un excellent pilote pour éviter les nombreux bancs de sable dont le lit du fleuve est parsemé.

Pour remonter le fleuve jusqu'à N'djolé, il faut ordinairement trois jours, si l'on navigue sans accidents, ce qui ne fut pas le cas pour nous. Nous nous échouâmes plusieurs fois, et nous éprouvâmes une suite de péripéties désagréables sur lesquelles je n'insisterai pas. Il me suffira de dire que nous restâmes onze jours dans le fleuve avant d'atteindre N'djolé.

N'djolé.

N'djolé, qui est une île toute petite, est cependant la résidence de l'Administrateur. Les maisons de commerce avaient leurs factoreries sur cet îlot, mais, par ordre de l'Administration remontant au mois de juillet de l'an dernier, elles ont dû abandonner ce point. Le Gouvernement, par compensation, leur a concédé des emplacements sur la rive droite du fleuve, en face même de N'djolé. Au moment de mon passage, on travaillait à la reconstruction des dites factoreries sur les nouveaux terrains accordés. L'Administrateur lui-même émigrera sur la rive droite, lorsque les travaux en cours à cet effet, seront terminés. L'îlot de N'djolé, tout entier, sera transformé en un Pénitencier.

Les produits traités à N'djolé sont le caoutchouc et l'ivoire, qui proviennent du haut du fleuve, et sont apportés par les piroguiers du Gouvernement.

Personne, en effet, au-delà de N'djolé, ne peut monter ou descendre la rivière sans une autorisation, et autrement que dans les pirogues du Gouvernement. Le commerce dans l'Ogowé n'est libre qu'en aval de N'djolé. Le Gouvernement, pour approvisionner les différents postes du haut du fleuve, possède une forte quantité de pirogues, et les pirogues ont la faculté d'emporter avec eux une certaine quantité de marchandises qu'ils échangent en route contre des produits. A leur retour, ils viennent vendre ces produits dans les factoreries de N'djolé.

Le commerce de la région se partage entre cinquante et un établissements ou factoreries, qui sont, pour la plupart, gérés par des Européens, et qui se trouvent disséminés sur les points suivants, entre N'djolé et la mer :

1° Sur les rives de l'Ogowé entre N'djolé et Lambaréné ;

2° Dans la rivière de N'Gounie qui se jette dans l'Ogowé un peu au-dessus de Lambaréné ;

3° Sur le lac Azingo, auquel on accède par une petite rivière se jetant dans l'Ogowé au-dessous de Lambaréné ;

4° Sur le lac Zonanque, que diverses criques font communiquer avec l'Ogowé ;

5° Enfin sur le Fernan-Vaz, qui est une des bouches de l'Ogowé.

En dehors de ces factoreries, chaque maison a encore un bon nombre de traitants noirs, disséminés dans les villages, et souvent même à quelques jours de marche dans l'Intérieur.

En plus du caoutchouc et de l'ivoire, la région des lacs produit encore en abondance du bois d'ébène, presque la totalité de ce qu'exporte en cet article la colonie du Congo.

Le caoutchouc s'achète contre marchandises, à raison de 5 à 6 francs le kilo ; il est d'une qualité inférieure et ne doit pas donner un rendement *net* de plus de F. 2.50 à 3 le kilo en Europe, ce qui laisserait une perte de 50 0/0. Mais, d'autre part, les marchandises étant cédées avec une majoration de 300 0/0, on peut faire le calcul suivant :

Mille francs de marchandises majorées à 300 0/0, se vendent. . . . . F. 4.000

Soit un bénéfice de. . . . . F. 3.000

dont il faut déduire 50 0/0 de perte sur F. 4.000, de produits achetés. . . . . F. 2.000

Bénéfice. . . . . F. 1.000

soit *100 0/0* pour acquitter les énormes frais de factoreries, d'entretien des chaloupes à vapeur, les intérêts, amortissements et risques divers (vols et crédits perdus). Cette marge est certainement à peine suffisante. La traite du caoutchouc dans la région de l'Ogowé peut s'élever annuellement à K. 300.000 d'une valeur approximative de F. 1.000.000.

La traite de l'ivoire est fort difficile, et ses résultats sont à peu près nuls. L'indigène demande toujours quatre à cinq fois la valeur de ce qu'il apporte, et c'est à grand peine qu'après de longues discussions, l'on parvient à réduire ses exigences au double de la valeur de l'ivoire. Grâce à la majoration de 300 0/0 sur les marchandises données en échange, le négociant arrive péniblement à couvrir ses frais. Aussi, n'achète-t-on ce produit que parce que l'indigène, ordinairement, apporte en même temps un bon lot de caoutchouc, et pour éviter que la traite n'aille chez le voisin.

Le bois d'ébène est plus rémunérateur.

En tenant compte du bénéfice sur les marchandises, le prix d'achat ressort à environ F. 100 à 125 la tonne, tandis que la valeur en Europe est de F. 200 à 250 la tonne. C'est donc un bénéfice moyen de F. 100 par tonne, qui, reporté sur le chiffre d'environ 1.000 tonnes traité annuellement, donne comme bénéfice total sur l'exportation du bois d'ébène une somme de F. 100.000 environ.

En résumé, j'estime comme suit les bénéfices *bruts* annuels du commerce de l'Ogowé :

Sur caoutchouc, 100 0/0 sur une valeur approximative de F. 1.000.000...	F. 500.000
Sur ivoire............	nul
Sur bois d'ébène.........	100.000
Soit environ.....	F. 600.000

Il faut maintenant déduire les frais divers que nécessite l'exploitation de ces régions, et qui, certes, sont considérables ; cependant, j'ose conclure que, moyennant une bonne gestion des affaires, le bénéfice net pour le négociant serait encore appréciable, s'il ne fallait compter avec les risques de vol que l'on court constamment dans un pays où la protection de la propriété n'est encore rien moins qu'assurée.

J'ai séjourné un mois dans l'Ogowé entre N'djolé et Lambaréné. La canonnière stationnaire m'a ramené ainsi que mes compagnons au Cap Lopez au moment même où un vapeur des Chargeurs Réunis mouillait sur rade. Nous avons profité de ce vapeur pour rentrer à Libreville, le 28 juillet.

Batah-Benito.

Le lendemain, le même navire nous conduisit dans le pays de Batah-Benito.

Les Espagnols visitent sans cesse ce district qu'ils prétendent leur appartenir. Il ne s'y traite que du caoutchouc et fort peu d'ivoire.

Les indigènes réduisent le caoutchouc en petites languettes d'un poids variant de deux à trois grammes qu'ils vendent aux factoreries à raison de 200 pour un pagne de 4 yards ou 3^m 65. Le tissu vendu est de qualité plus que médiocre, ne revenant pas dans la colonie à plus de 25 centimes le yard. Le facteur en prend la mesure au moyen de l'écartement des bras, ce qui constitue la brasse.

Le kilo de caoutchouc revient ainsi à environ F. 2.

Toutes les factoreries du pays sont gérées par des Européens, ce qui en augmente considérablement les frais. Il m'a paru qu'elles doivent avoir de la peine à faire le pair, car le mouvement des affaires est assez maigre dans ces parages : j'estime qu'il ne doit pas dépasser au total plus de F. 150 à 200.000 annuellement, et, dans cette appréciation, je crains de me tenir encore au-dessus de la réalité.

Il se pourrait qu'une factorerie, qui serait avancée à quatre ou cinq jours de marche dans l'Intérieur, fît un chiffre d'affaires plus important que les autres ; cependant, j'aurai scrupule à conseiller cette installation. Les maisons déjà établies auraient sans doute pris cette mesure depuis longtemps, si elles ne craignaient le vol de leurs marchandises.

Le 17 août, un navire de la Compagnie Woermann allant à Libreville s'étant présenté, je quittais le Batah-Benito où je jugeais ma mission terminée.

Iles Elobey. — Rivière Mouny.

Le vapeur fit d'abord escale aux îles Elobey où bat le pavillon espagnol. Diverses maisons de commerce y ont des entrepôts pour leurs factoreries installées sur le continent. Du point où nous sommes, nous voyons en face, sur la côte, les établissements de la maison anglaise Hatton et Cookson situés près de l'embouchure de la rivière Mouny, pour lesquels le vapeur allemand débarque une grande quantité de spiritueux et marchandises diverses de Hambourg.

Je signalerai que la maison Hatton et Cookson acquitte entre les mains du Gouvernement espagnol résidant à Elobey une patente annuelle de fr. 5000, pour ses établissements situés sur la côte, en pays contesté. Elle paraît reconnaître ainsi la légitimité des revendications espagnoles, mais son exemple n'est pas suivi par les autres maisons qui profitent de la situation non encore nettement fixée de la zone qui s'étend de la rivière Campo à la rivière Mouny, pour s'abstenir de payer tout impôt, soit aux Espagnols, soit aux Français. La maison Hatton et Cookson a fait, en outre, enregistrer son bail de location dans les bureaux espagnols.

Les installations des négociants français, à l'embouchure de la rivière Mouny, sont tout ce qu'il y a de plus primitif, n'offrant presque aucune différence avec les cases indigènes, ce qui fait douter du succès de leurs opérations sur ce point.

Le vapeur ayant terminé son débarquement, nous reprîmes le lendemain la route du Cap Lopez et revînmes à Libreville, le 19 août.

Loango.

Mon nouveau séjour à Libreville fut de 20 jours, après lesquels je me rembarquai, avec mon collègue de Lyon, sur un vapeur des *Chargeurs Réunis* qui partait le 7 septembre à destination de Loango.

Loango, qui est situé sur la côte vers 4° 40' au Sud de l'équateur, près de l'embouchure de la rivière Kiliou, ne fait aucun commerce par lui-même, et sert d'entrepôt aux maisons établies dans le bas Kiliou et à Brazzaville. C'est le siège de l'Administrateur qui exerce sa surveillance sur tout le bassin du Kiliou.

Tous les produits de cette région s'exportent par Loango, ainsi que ceux qui proviennent du Haut-Congo. Ces derniers sont concentrés à Brazzaville par les chaloupes à vapeur qui sillonnent le Congo, lequel est navigable au-dessus de Brazzaville, jusqu'à plusieurs centaines de kilomètres. Ces chaloupes parcourent également les divers affluents du Congo, l'Oubanghi, la Sangha, etc.

De Brazzaville à Loango, les transports s'effectuent par des porteurs dont la charge maximum est de 30 kilos, et qui emploient en moyenne 30 jours à l'accomplissement de ce trajet. Ces frais de transport sont énormes. Ils occasionnent annuellement, de Loango à Brazzaville et vice-versà, une dépense de 4 à 500,000 francs sur un mouvement d'affaires, dont l'ensemble peut être évalué à 2 millions de francs.

Je n'ai pas pu visiter Brazzaville et ses environs, ce qui eût trop prolongé mon séjour dans la colonie ; je ne peux donc indiquer exactement moyennant quelle majoration les marchandises y sont vendues, mais il est facile de prévoir qu'avec de semblables frais de transport, ceux de factorerie et d'entretien du matériel (toutes les maisons possèdent plusieurs chaloupes à vapeur) les intérêts, amortissements, et surtout les risques courus, elles ne doivent pas être cédées à moins de 500 0/0. Ce taux n'a rien d'exagéré, si l'on considère encore que la concurrence pour l'achat des produits y est fort grande, et que, par suite de cette vive compétition, les produits ne doivent être acquis qu'à des prix élevés.

Le chiffre des affaires qui, d'autre part, sont traitées dans le bas Kiliou, la Pointe-Noire et Massabi est d'environ un million de francs, lequel, joint à celui de deux millions pour la région de Brazzaville et du Haut-Congo, porte à environ 3,000,000 de francs le total annuel des exportations de toute la contrée, qui toutes s'effectuent par Loango.

Ces exportations se composent d'ivoire et de caoutchouc et, en outre, de palmistes et d'huile de palme provenant exclusivement du b s Kiliou et des environs de Loango.

Résumé. — Loango fut le point terminus de mon voyage ; j'y restai onze jours, après lesquels je pris passage pour France, le 25 septembre, par le paquebot *Tibet* de la Compagnie Fraissinet.

Je n'ai pas visité les districts de Setté-Cama, Nyanga et Mayumba, situés entre la région de l'Ogowé et celle du Kiliou. Ils produisent principalement du caoutchouc et très peu d'ivoire et de palmistes. Le chiffre annuel des exportations de ces districts est d'environ 1,000,000 de francs.

En résumé, l'importance annuelle des exportations pour toute notre colonie du Congo, s'élève à environ 7 à 8,000,000 de francs, se décomposant comme suit :

Région de l'Ogowé, jusqu'à N'Gowé (Cap Sainte-Catherine) (Exportations par Libreville)..... F.	3 à 4.000.000
Setté-Cama, Nyanga et Mayumba, environ.....	1.000.000
Région du Kiliou, Brazzaville et le Haut-Congo (Exportations par Loango)..................	3.000.000
Ensemble... F.	7 à 8.000.000

Ces chiffres, que j'ai établis en toute sincérité et avec le plus d'exactitude possible, suffiront à édifier sur la production actuelle du Congo français, laquelle se compose en majeure partie de caoutchouc, et ensuite, par ordre d'importance, d'ivoire, de bois d'ébène, de bois rouge de santal, et, en faibles quantités, de palmistes, d'huile de palme et de gomme copale.

Pour donner une idée plus exacte des quantités exportées de ces différents produits, je joins (comme pièces annexes) à la fin du présent rapport les statistiques suivantes des Douanes de la Colonie.

  A. Douane de Libreville. — Exportations de l'année 1890.
  B.   —   —   —   — du 1ᵉʳ semestre 1891.
  C. Douane de Loango. — Exportations de juin, juillet et août 1891 (1).

Le Congo n'est encore que superficiellement connu ; même une grande partie de ce vaste territoire reste encore actuellement inexplorée.

Le développement de cette colonie sera lent, vu le peu de densité de sa population et l'absence de voies de communications qu'il y a urgence de créer. Il y a, de ce chef, des sacrifices considérables à faire, car les communications à établir sont nombreuses. Reste à savoir si la richesse du sol et sa production autorisent ces sacrifices? Problème difficile à résoudre, mais pour lequel il est permis d'espérer une solution favorable.

II. — Marchandises les plus demandées, leur provenance et leur prix de revient dans la colonie.

Les marchandises qui se vendent le plus couramment dans toute la colonie du Congo sont les suivantes :

Tissus. — La qualité des tissus est très inférieure. Ce sont des articles de provenance anglaise et allemande, dont le yard ou le mètre ne revient pas à plus de trente centimes dans la colonie indiennes,

---

(1) La douane de Loango ne possède pas de statistique antérieure au mois de juin 1891.

guinées, checks, etc. Ces tissus, teints ou imprimés, ont une largeur de 65 centimètres environ et sont principalement vendus dans les rivières.

A Libreville, on demande des tissus de fantaisie ; tous les articles pour cette place, tissus ou autres, sont, en général, du reste, de qualité supérieure à ceux que l'on expédie dans les rivières.

Quincaillerie. — Les articles importés sont également de médiocre qualité. Les principaux sont : les *manchettes*, sorte de sabre de courte dimension que les indigènes emploient pour l'enlèvement des broussailles et presque tous leurs travaux de culture. Ils s'en servent aussi pour la coupe du bois de taille moyenne. Le prix de revient de ces manchettes, dans la colonie, ne dépasse pas 3 fr. 75 la douzaine ;

Les *baguettes de cuivre ou de laiton, les pots en fer, marmites, neptunes* (grands plats de cuivre ronds d'un diamètre variant de 50 centimètres à 1 mètre et au-dessus et qui servent aux indigènes de l'intérieur pour la fabrication du sel), *clochettes et sonnettes, couteaux dits bouchers, ciseaux, clous, etc., etc.*

Les baguettes de cuivre et de laiton sont fractionnées dans les factoreries avant d'être livrées aux indigènes qui en font surtout usage comme monnaie ; ils en font aussi des colliers et des bracelets.

L'Angleterre et l'Allemagne fournissent tous ces articles à des prix défiant la concurrence française.

Sel. — Le sel est un des principaux aliments de traite. C'est encore l'Allemagne et l'Angleterre qui approvisionnent le Congo de ce condiment. Le sel de ces provenances, tout en étant meilleur marché, offre, en effet, bien plus de volume à poids égal que le sel français. Or, l'indigène qui apporte ses produits à la factorerie n'est presque toujours qu'un intermédiaire, et préfère la quantité à la qualité. Comme il vend son sel au consommateur à la mesure, il a tout avantage à acheter du sel léger de provenance anglaise ou allemande.

Spiritueux et liqueurs. — Ces articles sont les seuls que les négociants établis au Congo aient actuellement intérêt à demander à la France.

Le nouveau régime douanier qui a été mis en vigueur dans la colonie à partir du 1er janvier 1891, pour la région de Libreville et de l'Ogowé, fait bénéficier les alcools français d'une différence de droits de 60 % sur leurs similaires étrangers qui, par ce fait, ne peuvent supporter la concurrence. Antérieurement, tous les alcools qui entraient dans la colonie provenaient de Hambourg.

Les négociants font presque toujours venir de l'alcool à 90 degrés qu'ils dédoublent eux-mêmes, bénéficiant ainsi de la différence sur le fret.

Les vins et les liqueurs, absinthe, vermouth, etc., sont aussi en majeure partie de provenance française, celle-ci en raison des nouveaux droits.

Les spiritueux ne se vendent que dans la région de Libreville et de l'Ogowé. Un arrêté du Gouverneur, en date du 30 avril 1891, en interdit l'introduction en amont de N'djolé, à Brazzaville et sur les territoires du Haut-Congo.

Fusils. Poudres. — Les fusils à silex sont les seuls dont l'importation soit permise au Congo, sauf pour les pays de Batah, Benito, où, par suite de leur situation de pays contestés, les fusils à piston sont introduits. Ce sont des armes de provenance étrangère qui alimentent ces derniers points, lesquels jouissent, pour le moment, d'une immunité complète de droits de douane.

Quant aux fusils à silex, le nouveau tarif douanier qui protège les provenances françaises, établit, à l'importation dans la région de Libreville et de l'Ogowé, la parité de prix de revient entre les provenances françaises et les provenances étrangères. Cet état de choses permet donc aux maisons étrangères de cette région de continuer à s'approvisionner en Allemagne de vieilles armes réformées dont le prix, dans la colonie, ne dépasse pas 8 à 9 fr. la pièce et sur lesquelles elles paient un droit de 2 fr. par fusil. D'autre part, les maisons françaises peuvent faire venir des fusils de France qui n'acquittent qu'un droit d'entrée de 80 centimes par pièce.

La poudre est importée de Hambourg, malgré la différence de droits d'entrée en faveur de la poudre française. C'est une poudre de fabrication très grossière dont le prix ne dépasse pas F. 1,75 le barillet de 1 kilog 1/2 rendu dans la colonie.

Tabac. — Le tabac, en feuilles, provient d'Angleterre ou d'Amérique, et ne revient pas à plus de F. 2 le kilog. La consommation en est assez importante dans la région de Libreville, de l'Ogowé et Batah-Benito ; elle est nulle dans celle de Loango, Brazzaville et Haut-Congo.

Vêtements confectionnés. — Les vêtements confectionnés de toutes sortes, mais toujours à très bon marché, se vendent principalement à Libreville.

La parfumerie, les conserves diverses, les chapeaux de feutre ou de paille, la faïence et la verrerie, les perles et verroteries de toutes sortes sont également nécessaires à la traite. Pour la plus grande partie de ces marchandises, la colonie est tributaire de l'étranger. La France ne figure en quantités appréciables que pour les vêtements confectionnés et les conserves diverses.

Beaucoup d'autres marchandises sont encore demandées, dont il serait trop long de faire l'énumération. Pour plus de renseignements, je renvoie à la statistique de la douane de Libreville pour les importations de l'année 1890 et du premier semestre 1891 (D pièces annexes). Je regrette de ne pouvoir fournir ce document pour la douane de Loango qui n'a jamais tenu compte des marchandises entrantes, cette région étant restée jusqu'à ce jour franche de droits d'importation.

D'après la statistique de la douane de Libreville, les importations de l'année 1890 se seraient élevées à

	F.	736.043 pour la France
et	»	2.226.189 pour l'Etranger
soit	»	2.998.232 au total.

Et celles du premier semestre 1891, à

	F.	393.918 pour la France
et	»	814.086 pour l'Etranger
soit	»	1.208.004 au total.

Dans ce relevé, n'est pas comprise une somme de F. 500.000 environ que le Gouvernement emploie, chaque année, en provisions de bouche et marchandises diverses commandées dans la Métropole pour les besoins du personnel et cadeaux à faire aux chefs.

En admettant que les importations du deuxième semestre 1891 fussent d'importance égale à celles du premier semestre, on n'arriverait pour l'année 1891 qu'à un total de F. 2.400.000 environ, montrant une diminution d'environ F. 600.000, sur celui de l'année 1890. Cette différence en moins pour l'année 1891 provient, sans doute, de ce que les négociants ont dû augmenter leurs stocks de marchandises à la fin de l'année 1890, en prévision de l'application des nouveaux droits à partir du 1er janvier 1891.

Quoiqu'il en soit, avec la meilleure volonté, on a le regret de ne pouvoir contater aucune progression dans les affaires, du moins en ce qui concerne les territoires de Libreville à N'Gowé. Pour les autres, de Setté-Cama jusqu'à Loango inclus, les renseignements manquent qui permettraient de se prononcer en ce qui concerne cette portion de la colonie.

Dans tous les cas, aucune amélioration notable dans les voies de communication ne pouvant être signalée dans ces dernières années, il est permis d'en induire que, jusqu'à ce jour, la situation commerciale est restée inchangée.

En terminant ce chapitre, je ne puis m'empêcher de constater combien il est regrettable que nos fabricants français ne se tiennent pas mieux au courant des besoins de nos colonies et ne se hâtent pas plus de pouvoir les satisfaire par une réforme de leur outillage leur permettant de concourir avec l'étranger. C'est l'étranger, en effet, qui, pour les tissus et la quincaillerie notamment, accapare presque en entier ce débouché si considérable ; l'Angleterre et l'Allemagne monopolisent ces deux branches d'affaires dans toutes nos colonies d'Afrique, comme au Congo, et ce, malgré l'application, dans cette dernière colonie, des nouveaux droits qui favorisent l'industrie française. Ces droits sont de 20 0/0 sur les tissus étrangers. Si nos fabricants qui, pendant ce temps, se croisent les bras, se rendaient mieux compte de l'importance du commerce qui leur échappe, il est certain que, renonçant une fois pour toutes aux procédés de routine dans lesquels ils se sont attardés, ils feraient diligence pour perfectionner leur matériel sans trop regarder à la dépense qui, en fin de compte, ne constituerait qu'un bon placement.

C'est par millions que se chiffrent les commandes que l'étranger leur enlève et qui leur reviendront lorsqu'ils seront en mesure d'entamer et de poursuivre victorieusement la lutte avec lui.

Quand ils voudront bien faire dans ce sens des efforts sérieux, il est fort probable que le succès ne se fera pas attendre longtemps. J'aime à croire qu'ils mettront à profit les avertissements qui leur viennent à cet égard de différents côtés. Il serait trop triste de penser que nos colonies, subventionnées en argent et en personnel de la Métropole, n'ont été créées et ne doivent continuer à exister que pour le plus grand avantage du commerce étranger !

III. — Façon dont se pratique le Commerce au Congo.

Sur tout le territoire du Congo français, la traite se fait par voie d'échange, sauf à Libreville où le commerce est local et ne se fait que contre espèces.

Les maisons de commerce ont installé des factoreries sur les principaux points de traite. Dans le pays de Batah-Benito, ces factoreries ne sont gérées que par des européens ; dans l'Ogowé, elles le sont aussi par des indigènes.

Dans les rivières Komo et Rhemboé, les négociants ont converti en factoreries ambulantes des surfboats montés par cinq hommes et un commis, lesquels remontent les rivières aussi loin que le tirant d'eau le leur permet, en s'arrêtant deux ou trois jours dans chaque village. Ces voyages durent ordinairement près d'un mois.

En dehors des factoreries, toutes les maisons établies au Congo emploient un nombre considérable de traitants auxquels elles livrent des marchandises à crédit. Dans le Batah-Benito, tout le commerce ne se fait qu'au moyen d'avances de ce genre à des indigènes qui vont à la recherche des produits dans l'intérieur, à des distances variant de quatre à dix jours de marche.

Le système des crédits est pratiqué partout. Les résultats en sont lusp ou moins hasardeux; mais il faut en passer par là, si l'on veut faire des affaires. Une entente sérieuse entre tous les négociants pourrait seule permettre de se débarrasser du parasitisme des traitants. Il y a lieu de croire, en effet, que bon nombre de ces crédits ne sont remboursés qu'en partie, et souvent même sont totalement perdus.

Je crois savoir que, dans les rivières, il est interdit de faire du crédit aux indigènes, et que l'on n'a aucun recours contre eux pour toutes sommes dont ils peuvent être débiteurs. En serait-il autrement, du reste, que les poursuites seraient bien inutiles et ne serviraient qu'à ajouter à la perte première le montant des frais.

IV. — Moyens de transport.

Communications de la Colonie avec l'Europe. — Les communications entre la métropole et la colonie sont maintenant rapides et multiples. Elles sont assurées par les Compagnies suivantes :

1° La Compagnie Fraissinet a, chaque mois, un départ de Marseille ; ses vapeurs partent, un mois, le 15, et le mois suivant, le 25 ;

2° La Compagnie des Chargeurs Réunis, du Havre, expédie, chaque mois, un vapeur, le 5, touchant à Bordeaux le 10 ;

Les paquebots de ces deux Compagnies sont postaux de deux en deux ;

3° Plusieurs Compagnies étrangères, telles que la Compagnie Woermann, de Hambourg ; Hatton et Cookson, de Liverpool, et les lignes postales anglaises assurent aussi presque régulièrement un service mensuel.

Les vapeurs des Compagnies françaises, ainsi que ceux de la Compagnie Woermann, touchent régulièrement à Libreville et à Loango ; ceux des lignes anglaises brûlent, tantôt l'une et tantôt l'autre, de ces deux escales, en favorisant les factoreries anglaises suivant leurs besoins de fret.

Frets et passages. — Les taux de fret par vapeur des Compagnies françaises sont ainsi fixés :

A l'aller : Pour marchandises diverses, à destination de Libreville ou Loango, fr. 32 à 55 par tonneau du tarif français ou au cubage, suivant la nature de la marchandise.

Au retour :

Ivoire, 25 cent. par kilo.

Caoutchouc...... de 60 à 67 fr. la tonne de 1.000 kilos.

Bois d'ébène ou de santal ou autres bois d'ébénisterie....... de 27 50 à 42 fr.   »   »

Les prix de passage sont de :

F. 1.100	en	1ʳᵉ classe	
780	»	2ᵉ »	Pour Libreville.
380	»	3ᵉ »	
1.200	»	1ʳᵉ classe	
800	»	2ᵉ »	Pour Loango.
400	»	3ᵉ »	

Les frets et prix de passages des Compagnies étrangères sont à peu près les mêmes, mais plutôt meilleur marché.

Transports dans la Colonie. — Dans la colonie, les transports s'effectuent généralement à dos d'homme.

Dans l'Ogowé, en amont de N'djolé, où, comme je l'ai dit précédemment, le commerce est interdit, les transports ont lieu par les piroguiers du Gouvernement.

Au-dessus de N'djolé, les rapides que l'on rencontre sont très nombreux, et quelques-uns même très dangereux. Beaucoup de pirogues chavirent au passage de ces rapides ; les pertes qui en résultent en marchandises et produits peuvent s'évaluer à environ 10 0/0 des quantités transportées. A la hauteur de ces rapides, les indigènes se tiennent à l'affût, attendant le passage des pirogues pour opérer le *sauvetage* des marchandises qui peuvent tomber à l'eau. L'opération étant périlleuse, ces marchandises deviennent la propriété du sauveteur.

Les produits récoltés dans le bassin de l'Ogowé et dans la région du Fernand-Vaz sont transportés, au moyen de chaloupes à vapeur, soit au Cap Lopez, soit à Libreville, d'où ils sont dirigés sur l'Europe.

A Libreville, sont également centralisés, avant leur expédition pour l'Europe, les produits achetés dans les rivières Komo et Rhemboé ; leur transports s'effectue par chaloupes à vapeur ou côtres.

Les pays de Batah-Benito étant francs de droits, comme je l'ai déjà expliqué, les produits de la région s'exportent directement pour l'Europe. A cet effet, les paquebots des Compagnies : Chargeurs Réunis et Woermann, ainsi que les vapeurs anglais, font escale à Batah, où ils débarquent également les marchandises d'échange pour le pays.

Les points de Setté-Cama, Nyanga et Mayumba sont aussi desservis directement par les propres vapeurs des maisons qui y sont établies : Woermann et Hatton et Cookson. Ces maisons, d'ailleurs, sont les seules installées sur ces trois points.

De Loango à Brazzaville et vice-versa, les transports se font au moyen de porteurs dont la charge varie de 25 à 30 kilos. Le prix par porteur, aller et retour, est de 40 francs auxquels il faut ajouter quelques frais accessoires, le tout payable en marchandises, ce qui, en tenant compte de la majoration des marchandises, remet le kilo transporté à fr. 1 environ, soit 1.000 fr. la tonne.

Le Gouvernement, suivant les termes d'un contrat fait avec une maison portugaise, paye fr. 36.50 en espèces, par tête de porteur.

Notre voisine, la Compagnie Belge de l'Etat indépendant, fait passer toutes ses marchandises, à destination de Léopoldville, par Loango, en attendant que le chemin de fer en construction, le long de la rive gauche du Congo, de Matadi à Kinchassa, soit terminé. Elle paie, pour cet objet, fr. 40, en espèces, pour chaque porteur, suivant un contrat passé avec une maison américaine.

Dans ces divers engagements, les porteurs doivent toujours prendre, au retour, une charge égale à celle de l'aller.

Les commerçants du Haut-Congo centralisent les produits à Brazzaville, au moyen de chaloupes à vapeur qui parcourent sans cesse le Congo et ses affluents : l'Oubanghi, la Sangha, etc. où ils doivent posséder des sous-factoreries et probablement des traitants.

L'avenir du Congo français dépend certainement de ces régions baignées par des rivières navigables jusqu'à plusieurs centaines de kilomètres ; il est donc nécessaire de trouver au plus tôt la voie de communication la plus pratique pour relier Brazzaville à la côte.

Le fleuve Congo. — Comme je viens de le dire, les Belges sont en train de construire, sur la rive gauche du Congo, une voie ferrée allant de Matadi à Kinchassa : Cette dernière station fait vis-à-vis à Brazzaville, sur la rive opposée du fleuve.

Le Congo, qui est navigable de son embouchure jusqu'à Matadi, ne l'est plus entre Matadi et Kinchassa, à cause des rapides qui se trouvent dans cette partie de son cours ; mais, en amont de Kinchassa et jusqu'à d'immenses distances, il est de nouveau accessible à la navigation.

C'est pour obvier aux difficultés provenant des rapides que les Belges construisent le chemin de fer dont il s'agit, lequel ne peut manquer d'avoir une grande influence sur le développement de leur Etat indépendant.

Il est, en effet, inutile d'insister sur l'importance que ce chemin de fer est destiné à acquérir. Son installation portera un coup sensible à notre colonie du Haut-Congo, si la France ne se met, d'ores et déjà, en mesure de le parer, en établissant, sans retard, une voie de communication rapide entre Brazzaville et Loango.

Je sais qu'il y a, actuellement, sur les lieux un ingénieur distingué qui étudie la solution de ce problème ; je fais des vœux pour que ses recherches soient, au plus tôt, couronnées de résultats.

Le projet qui, jusqu'à présent, est le plus en faveur, est celui qui consiste à utiliser la voie naturelle de Kiliou, en reliant cette rivière à Brazzaville, au moyen d'un Decauville d'une centaine de kilomètres environ. La principale difficulté que rencontre ce système réside dans les rapides de Kakamueka, situés dans le Kiliou, à une quarantaine de kilomètres de son embouchure.

Pendant mon séjour à Loango, le commissaire général, M. de Brazza, qui se trouvait sur ce point avec l'ingénieur des ponts et chaussées de Libreville, avait donné des instructions à ce dernier pour se rendre à Kakamueka, afin d'examiner sur place cette question des rapides. A mon départ de Loango, cet ingénieur n'était pas encore retourné et j'ignore donc ce qu'il a pu décider. Mais, déjà avant son voyage, il pensait que l'on pourrait faire sauter les roches à la dynamite pour régulariser le cours du Kiliou, ou que, dans l'impossible, il faudrait creuser, dans ces parages, un nouveau lit au fleuve, permettant de contourner les rapides au moyen d'un système d'écluses.

Il est à désirer que les études en cours soient rapidement menées. La nécessité s'impose, en effet, d'obtenir des résultats pratiques avant que les Belges inaugurent leur chemin de fer. Le temps qui, probablement, s'écoulera encore avant le complet achèvement de ce chemin de fer, suffit amplement à créer la voie de communication dont je viens de parler et à laquelle le Gouvernement paraît devoir s'arrêter.

Evidemment, la voie reliant Brazzaville au littoral par la rivière du Kiliou sera moins coûteuse que le chemin de fer belge, dont la construction et l'entretien nécessiteront des sommes formidables. Ce dernier aura, il est vrai, l'avantage de la rapidité et d'une sécurité plus grande pour les marchandises, mais cela compensera-t-il suffisamment les importantes économies qui résulteront des transports par notre voie ? On peut répondre hardiment par la négative.

Les expéditions par la voie française qui, pour un parcours d'environ 100 kilomètres, seront effectuées sur un simple Decauville, et, pour le reste du trajet, environ 4 à 500 kilomètres, emprunteront la route fluviale du Kiliou, réuniront des conditions de bon marché extrêmement favorables comparativement à la ligne belge. Ce bon marché sera encore accru par le mode de chauffage au bois qui pourra être employé aussi bien pour la traction sur le Decauville qu'à bord des chaloupes à vapeur qui navigueront sur le Kiliou. Les forêts qui existent dans la région permettront d'obtenir ce combustible aussi économiquement qu'on se le procure dans l'Ogowé.

Toutes les perspectives se présentent donc en faveur de la nouvelle ligne projetée. Lorsqu'elle sera construite, Brazzaville ne sera plus qu'à 10 ou 12 jours de Loango.

Le commerce en profitera largement : elle permettra, en effet, l'importation à Brazzaville et dans le Haut-Congo du sel, de la poterie, de la faïencerie et autres marchandises fragiles et encombrantes que l'on n'a pu y introduire jusqu'à ce jour, à cause de la cherté et des risques du transport.

V. — Régime fiscal et douanier.

Patentes et licences. — Le droit de patente est général ; il frappe tous les établissements de commerce installés au Congo. Chaque négoçiant doit acquitter ce droit pour chacune des factoreries qu'il peut avoir sur un même point. Le droit varie suivant l'importance de l'établissement ; il se divise en deux catégories, savoir :

1° F. 600, patente de commerçant ;
2° F. 150, patente de traitant ou détaillant.

Il existe, en outre, un droit de licence pour les débits de boissons et cabarets, qui est annuellement de F. 600.

Les territoires de Setté-Cama, Nyanga, Mayumba, le Kiliou, Loango, Pointe-Noire et Massabi sont pourvus d'une licence spéciale ayant pour but de restreindre, autant que possible, la vente des boissons alcooliques dans ces districts. Cette licence comprend deux classes : la première, applicable aux marchands en gros, se subdivise en sept catégories, qui sont les suivantes :

1re catégorie pour un débit présumé de 750 hectolitres F. 6.000
2e »   »   »   de 500 à 750 hect.   5.000
3e »   »   »   de 375 à 500   »   4.000
4e »   »   »   de 250 à 375   »   3.000
5e »   »   »   de 125 à 250   »   2.000
6e »   »   »   de 62 à 125   »   1.000
7e »   »   »   au-dessous de 62 »   500

La deuxième classe s'applique aux traitants ou détaillants ; elle est de F. 100 par an.

Droits d'importation. — La nouvelle loi fiscale, qui a été mise en vigueur depuis le 1er janvier 1891, exempte de droits toutes les marchandises françaises, sauf les suivantes qui, toutes cependant, bénéficient d'une différence de droit avec leurs similaires provenant de l'étranger.

Ces différences de droit sont de :

60 0/0 sur les alcools de 50°.
36 0/0   »   »   de 25 à 49°.
24 0/0 sur les eaux-de-vie et liqueurs de traite titrant moins de 25°.
36 0/0 sur toutes les autres liqueurs.
F. 1.20 par pièce pour les armes de traite.
12 0/0 sur les autres armes dont l'importation est autorisée.
F. 2.40 par kilo sur la poudre de chasse.
F. 0.18 par kilo sur la poudre de traite.
F. 0.45 par kilo sur les capsules et douilles amorcées.
F. 2.40 le cent sur les cartouches à balles.

Les tissus teints ou imprimés, de provenance étrangère, sont frappés d'un droit de 20 0/0. Comme je l'ai dit précédemment, malgré ce droit élevé, l'étranger conserve le monopole de l'importation des tissus dans notre colonie du Congo.

Si l'on examine la statistique des Douanes pour le 1er semestre 1891, pour se rendre compte de l'influence que la nouvelle loi fiscale a pu avoir sur les importations de marchandises françaises, on ne constate qu'une augmentation de 1 1/2 à peine sur la période correspondante de 1890.

Cette augmentation porte principalement sur les alcools et sur les liqueurs de toutes sortes.

Les nouveaux tarifs n'atteignent donc que très imparfaitement le but que l'on s'était proposé, à savoir l'importation obligée de nos produits français dans la colonie. En l'état actuel de nos industries françaises, ces tarifs ne sont pas encore suffisamment protectionnistes. Ils ont, de plus, cet inconvénient que, tout en ne favorisant que d'une façon à peine sensible l'introduction des articles français, ils nuisent au développement du commerce de la colonie, en ce sens que les négociants doivent acquitter des droits élevés sans pouvoir retirer de meilleurs prix des marchandises qu'ils vendent aux indigènes, par suite de la concurrence acharnée que se font les différentes maisons.

Droits d'exportation. — Les dispositions de la nouvelle loi fixaient à 7 0/0 *ad valorem* les droits d'exportation sur l'ivoire et le caoutchouc à partir du 1er mars 1891, suivant un arrêté pris récemment par le Commissaire Général; ces droits ont été modifiés et sont ainsi établis depuis le 1er juillet 1891 :

Sur le caoutchouc   F. 0.25 par kilo.

Sur l'ivoire.....
- 0.70 par kilo (défenses au-dessous de 3 kilos.
- 1.10 »   »   » de 3 à 6 »
- 1.50 »   »   » au-dessus de 6 »

Les autres produits sont exempts de droits de sortie.

Les territoires de Setté-Cama, Nyanga, Mayumba, Kiliou, Loango et Massabi sont francs de droits d'importation.

La région du Batah-Benito, contestée par les Espagnols, est, pour le moment, franche de tous droits.

VI. — Organisation administrative.

La colonie est administrée sous la haute direction d'un Commissaire général, auquel sont adjoints un Lieutenant Gouverneur et un Directeur de l'Intérieur. Ces hauts fonctionnaires résident à Libreville.

Les Bureaux de la Direction de l'Intérieur se composent, en dehors de son chef, de quelques sous-chefs de bureaux et de plusieurs employés. Ils centralisent les divers services administratifs qui régissent la colonie, savoir :

Le service des *travaux publics* dirigé par un ingénieur colonial, qui a sous ses ordres quelques agents ayant titre de chefs d'exploration, conducteurs, géomètres, etc.

Le service *judiciaire* qui est présidé par un juge, lequel est assisté par un suppléant et un greffier notaire.

Le service de *santé* placé sous la direction d'un médecin de la marine de première classe, qui est aidé par plusieurs médecins et pharmaciens.

Un *trésorier-payeur* remplissant, en même temps, les fonctions de receveur de l'enregistrement et des domaines.

La direction des *Douanes* ayant à sa tête un contrôleur-adjoint et comportant un second contrôleur et divers auxiliaires à titres divers : Brigadiers, préposés, marins, etc.

Administration pénitentiaire. — Cette administration est dirigée par des surveillants de différentes classes qui ont la garde d'un certain nombre de forçats annamites employés à des travaux de voirie ou d'assainissement. Il y a trois ans, la Colonie en avait reçu une centaine, condamnés à des détentions de durées diverses ; il en restait à peine une trentaine lors de mon séjour à Libreville, les autres étaient morts en comblant des marigots autour de la ville. La plupart des survivants cultivent des terres dont ils ont obtenu la concession du gouvernement et vendent aux habitants à des prix raisonnables leurs produits consistant en légumes de toutes sortes : le bénéfice de ces ventes leur est acquis, bien que le Gouvernement continue à pourvoir à leur entretien. Cette mesure a été prise dans le but d'encourager l'agriculture.

Malheureusement les résultats obtenus sont peu appréciables, étant donné le petit nombre de ces condamnés. On disait bien qu'un nouveau convoi de quelques centaines de transportés était attendu depuis quelque temps déjà, mais ce sont des milliers qu'il en faudrait dans un pays d'une si vaste étendue et n'ayant qu'une population aussi clairsemée ; il peut se faire que cette considération ait décidé le Gouvernement français à diriger le convoi en question sur une autre colonie où il pouvait rendre de plus longs et plus sérieux services.

Station. — En rade de Libreville sont mouillés un ponton-hôpital, trois avisos, deux chaloupes à vapeur et un bateau-citerne. Cette flottille, placée sous le commandement d'un capitaine de frégate, comprend, en outre, plusieurs canonnières détachées dans les rivières Mouny, Komo, et Rhemboé, l'Ogowé, etc., avec mission d'y faire la police et d'y assurer l'ordre.

Milice. — Sous ce nom, tient garnison à Libreville une troupe coloniale composée en majeure partie de Sénégalais et d'un certain nombre d'indigènes, Gabonais ou Pahouins. Ce corps, placé sous le commandement d'officiers européens, a été institué pour la défense de Libreville et de ses environs ; il fournit aussi les hommes nécessaires pour le service des différents postes de l'Intérieur et la conduite des convois de ravitaillement.

Cette organisation protège suffisamment la vie et la propriété des Européens à Libreville même.

Il n'en est pas tout à fait de même dans les rivières où, si l'on peut dire que la vie ne court aucun danger, la propriété, par contre, n'est pas toujours à l'abri des coups de mains des indigènes.

Ainsi, dans le Komo, il arrive parfois que les surfboats ou factoreries ambulantes sont pillés ; dans l'Ogowé, des factoreries ont été saccagées. Dans les divers cas de ce genre qui se sont produits, les marchandises volées ont été quelquefois rendues entièrement sur l'initiative des administrateurs; d'autres fois, elles n'ont été rendues qu'en partie seulement, mais jamais les coupables n'ont été poursuivis et châtiés comme ils le méritaient, par suite du manque d'énergie dont les autorités font généralement preuve dans ces circonstances. Ceci est regrettable à dire, mais avec des gens encore si peu ou point civilisés, il ne faut pas se dissimuler qu'il est nécessaire parfois d'user de représailles. Agir autrement, c'est se déclarer faibles et déchoir à leurs yeux.

Dans l'intérieur, au-delà de N'djolé, c'est l'existence même qui est en péril. Il est probable que le Gouvernement n'aurait aucun moyen de répression, si l'un de ses agents était assassiné par les indigènes. Que faire, en effet, dans un pays où des troupes ne peuvent pénétrer en l'absence actuelle de toutes voies de communications ! Les agents de ces régions sont donc, en quelque sorte, à la discrétion des natifs et ne peuvent par conséquent remplir que partiellement la mission qui leur est confiée.

Administrateurs. — L'administration de la Colonie est partagée en plusieurs zones placées chacune sous la surveillance directe d'un administrateur.

Dans l'Ogowé, résident deux de ces fonctionnaires, dont l'un est installé à N'djolé et l'autre à Franceville; ce dernier point est situé dans l'intérieur à 30 jours de pirogue de D'djolé. Entre ces deux points, existent plusieurs stations ou postes commandés par un chef, ayant sous ses ordres quelques agents auxiliaires ; ces postes sont placés sous le contrôle des administrateurs.

Il y a également un administrateur au Fernan-Vaz, et un autre à Loango.

L'administrateur principal du Haut-Congo réside à Brazzaville ; il a sous sa direction les nombreux postes du Congo intérieur et de ses affluents.

Plusieurs postes sont encore établis sur la route de Loango à Brazzaville et dans la rivière du Kiliou.

Les rivières de Komo et Rhemboé étant aux portes de Libreville tombent sous la surveillance directe des autorités de cette ville.

Au Cap Lopez, il n'y a qu'un service de douane représenté par un brigadier et un sous-brigadier auxquels incombe aussi l'administration politique et judiciaire.

Dans la région contestée de Batah-Benito, le Gouvernement a deux agents pour le représenter.

Postes et Télégraphes. — Un receveur est placé à la Direction des postes.

Les lettres et colis postaux à destination du Congo français ou en provenant sont soumis aux mêmes tarifs en usage pour les autres colonies françaises.

La station télégraphique appartient à la *West African Telegraph Cy Ld*.

J'indiquerai que la taxe télégraphique est de fr. 8 70 par mot de Libreville en Europe et vice-versa.

VII. — Climatologie.

Régime des saisons. — L'année se divise en deux saisons : la saison sèche et la saison des pluies appelée aussi hivernage.

La saison sèche commence dans le milieu du mois de mai pour finir vers le mois d'octobre ; sa durée est donc de quatre mois. La saison des pluies ou hivernage, comprend le reste de l'année, environ huit mois.

Saison sèche. — Cette saison est la plus favorable aux Européens ; pendant toute sa durée, le thermomètre ne s'élève pas à plus de 24 à 30 degrés en plein midi. Vers le soir, la température descend assez rapidement et les nuits sont en général très fraîches. Les vêtements de drap sont très supportables : il est même recommandé de ne pas les quitter pour échapper à l'influence de ces variations atmosphériques.

Pendant cette saison, les vents soufflent continuellement, la brise du large alternant avec celle qui vient de terre.

Hivernage. — Cette saison s'annonce par une élévation de température. Par suite des pluies diluviennes de chaque jour, cette chaleur saturée d'humidité est fatigante pour les Européens dont la transpiration devient abondante et continuelle. La tension électrique est si forte que l'organisme en ressent de sérieux malaises.

Presque chaque nuit, éclatent des orages d'une violence extraordinaire, et les formidables éclats du tonnerre empêchent le sommeil si nécessaire aux colonies.

C'est pendant cette saison que l'Européen contracte les maux qui sont principalement à redouter : la fièvre et l'anémie.

Etat sanitaire. — A mon point de vue, le climat du Congo n'est ni meilleur ni pire que celui de n'importe quelle autre partie de la côte occidentale d'Afrique, depuis le Sénégal.

Les fièvres paludéennes simples que l'on peut y contracter, comme dans toutes les colonies d'Afrique, n'ont généralement pas de gravité. Une hygiène rigoureuse suffit le plus souvent pour éviter toute complication.

La fièvre pernicieuse à laquelle on est également exposé revêt principalement un caractère bilieux hématurique ; elle est toujours dangereuse et quelquefois mortelle. Les cas de cette maladie se présentent ordinairement après un séjour prolongé dans la colonie, mais on en a très bien raison, cependant, avec des soins immédiats et un régime hygiénique sévère.

Je conseillerai à l'Européen venant pour la première fois dans la colonie de choisir de préférence le mois de juin, c'est-à-dire le commencement de la saison sèche ; les fièvres contractées pendant cette saison sont ordinairement bénignes, et l'on est déjà un peu acclimaté et, par conséquent, plus résistant aux inconvénients de l'hivernage lorsque celui-ci se présente. Il y a lieu également de venir se retremper en Europe, après chaque séjour de deux à trois années dans la colonie ; il y aurait imprudence à ne pas suivre cette recommandation.

Hygiène. — Si les maladies du pays font plus de victimes au Congo que dans les autres colonies du Nord de l'Afrique, ce n'est pas à un climat plus pernicieux qu'il faut l'attribuer, mais bien au manque de confortable et de conditions hygiéniques.

Dans les rivières, de même qu'à Loango, les postes du Gouvernement laissaient beaucoup à désirer sous ce rapport. Le Gouvernement, je dois le dire, s'est préoccupé de cet état de choses et la reconstruction des différents postes est projetée de façon à donner satisfaction aux exigences modernes de salubrité et d'hygiène.

L'observation qui précède ne s'applique pas à Libreville, où toutes les installations sont en général bien comprises.

Service médical. — En cas de maladie, on peut recevoir à Libreville tous les soins nécessaires, des médecins en nombre suffisant exerçant dans la localité.

Il y a sur rade, ainsi que je l'ai déjà indiqué, un ponton-hôpital. Il y a des réserves à faire au sujet de ce ponton, en ce qui concerne les manœuvres avec canons et fusils que l'on a cru devoir continuer à laisser faire aux marins sur le pont du navire. Le roulement continuel qu'occasionnent ces manœuvres sur la tête des malades n'a rien d'agréable pour ceux-ci, et beaucoup, pour cette considération, préfèrent se faire soigner à domicile.

Dans la rivière de l'Ogowé, il y a un médecin attaché au poste de N'djolé, auquel incombent les soins médicaux de toute la région jusqu'au Fernan-Vaz. Comme les déplacements dans la rivière ne peuvent s'effectuer que lentement, il est prudent, pour chaque établissement, de se munir d'une caisse de médicaments assortis permettant à chacun de commencer à se soigner en attendant l'arrivée de l'homme de l'art.

Il en est de même pour le Batah-Benito, où l'on ne trouve aucun représentant du corps médical.

A Loango, la surveillance de l'état sanitaire du personnel européen et indigène est confiée à un médecin de la marine.

Les rivières de Komo et Rhemboé étant peu distantes de Libreville, on a toutes les occasions nécessaires pour se rendre promptement au chef-lieu, si l'on est sérieusement malade. Du reste, pour les cas ayant une certaine gravité, tout Européen s'empresse de regagner Libreville où les soins ne lui font pas défaut, pas plus que les navires pour rentrer en Europe, si le retour est ordonné par le médecin.

Productions. — J'ai constaté, d'après les statistiques, que le régime des saisons n'influe aucunement sur la traite, les produits descendant de l'intérieur indifféremment à toute époque de l'année. Cela tient à la nature de ces produits.

Le caoutchouc, en effet, est extrait des lianes qui sont certainement très vieilles, et les arbres qui fournissent les bois d'ébénisterie, ayant aussi un âge avancé, on en pratique la coupe à n'importe quel moment.

Les indigènes sont en toute saison à la chasse aux éléphants; ils se procurent donc l'ivoire d'une manière constante; ils ne vendent, d'ailleurs, ce produit que petit à petit, et en gardent toujours par devers eux un certain stock dont ils ne se défont qu'à la dernière extrémité.

Des essais de plantations ont été tentés soit officiellement, soit par l'initiative particulière, mais ils n'ont pas donné jusqu'à ce jour des résultats satisfaisants.

Plantations — Le Gouvernement, on doit lui rendre cette justice, a fait de louables efforts pour la propagation de l'agriculture. Il possède, à Libreville, un jardin d'essai de plantes exotiques, contenant notamment des caféiers et des arbres à caoutchouc du Para. Des plans furent donnés aux chefs des rivières Komo et Rhemboé dont la proximité facilitait la surveillance; on leur fit des cadeaux pour les encourager à en soigner la culture dans leurs villages, en leur promettant, en outre, une bonne récompense en cas de réussite. Rien n'y a fait. Lors de ma tournée dans les susdites rivières, j'accompagnais l'agent du Gouvernement chargé de recueillir des renseignements sur les résultats de ces plantations. La plupart des chefs accusaient que tous leurs plants étaient morts (chacun en avait reçu 40); d'autres disaient qui ne leur en restait que 2 ou 3; le plus favorisé était heureux de pouvoir annoncer qu'il lui en restait 8. Encore ces données devaient-elles être acceptées sous contrôle; les renseignements étaient donc sujets à caution; ils étaient en somme complètement défavorables.

Comme tentative individuelle, je signalerai celle de la maison Woermann qui possède une plantation de café à Sibangue, à 12 kilomètres de Libreville. Elle récolte, chaque année, au maximum 5 à 6,000 kilos de café qui peuvent valoir environ fr. 10,000 — Les dépenses faites pour amener la plantation au point où elle en est, doivent se monter à plusieurs centaines de mille francs, et son entretien annuel coûte certainement plus du double de ce qu'elle rapporte. Comme on le voit, cette maison n'a pas lieu, jusqu'à présent, de se féliciter des résultats obtenus; cependant elle continue à étendre sa plantation dans l'espoir que, plus tard, elle rentrera dans ses fonds, ce qui, à mon avis, reste fort problématique.

Il est possible que les qualités du sol soient favorables à ces plantations; je ne pourrais m'exprimer à ce sujet en connaissance de cause; mais pour pouvoir se livrer à des plantations de cette importance, il est indispensable, avant tout, de disposer des bras nécessaires. Or, ce sont surtout les bras qui manquent au Congo, et ceux que l'on pourrait y avoir ne sont aucunement disposés à s'employer à des travaux de culture pour le compte de tiers.

Un obstacle presque insurmontable se trouve dans les mœurs indigènes. Ceux-ci sont, en effet, essentiellement nomades et n'auront jamais la patience de s'adonner à une culture dont ils devront attendre pendant 4 ou 5 ans la première récolte. Comme il leur faut un rendement immédiat, ils ne se livrent qu'à des plantations de bananes ou de manioc. Ils ne sont pas enthousiastes de la terre et font faire les plus durs travaux par les femmes. Ils préfèrent pour eux les palabres, la chasse et la bataille, c'est-à-dire la vie libre et indépendante.

VIII. — Ethnographie.

La population indigène du Congo est composée de races nombreuses parmi lesquelles on remarque trois groupes principaux qui, par leur importance et leur influence, méritent particulièrement d'être mentionnés, ce sont : 1° les Pahouins, 2° les Chakés, 3° les Batékés.

Les Pahouins. — Les Pahouins viennent de l'intérieur et habitent le Nord du Congo.

Cette race est d'une belle taille et de robuste constitution; elle est d'un naturel sauvage et belliqueux.

Aucun homme de cette race ne sort de son village sans son fusil dont il fait usage dans les circonstances les plus frivoles.

Le Pahouin a l'esprit de famille : une nombreuse progéniture le rend fier et heureux ; il est travailleur et surtout commerçant. Ceux qui habitent le littoral s'enfoncent dans l'intérieur pour faire le commerce d'échange, et c'est par eux que la majeure partie des produits traités sont apportés dans les factoreries de la côte.

Cette race tend peu à peu à prendre le pas sur toutes les autres, telles que les M'Pongoués, Galois, Inengas, dont elle envahit les territoires. Les rangs de ces dernières vont sans cesse s'éclaircissant ; elles s'abâtardissent rapidement par les maladies d'origine scrofuleuse, l'abus des boissons et la pratique de l'avortement.

Les Chakés. — Les Chakés sont d'une taille au-dessus de la moyenne et bien proportionnés.

Ils habitent la rive gauche de l'Ogowé au-dessus de N'djolé, et sont réputés excellents piroguiers. Ils sont aussi commerçants.

Tous les produits traités à N'djolé sont apportés par eux du haut de l'Ogowé.

Les Batékés. — Les Batékés sont de taille ordinaire. Ils vivent dans le Haut-Niari d'où ils s'étendent jusqu'à Franceville (Ogowé).

Ces différentes races sont fétichistes ; elles pratiquent le cannibalisme en temps de guerre, et mangent leurs prisonniers ainsi que les gens de leur tribu morts en combattant.

La nourriture des indigènes, en général, se compose principalement de bananes, manioc, riz, patates douces, etc., auxquels ils ajoutent, quand ils le peuvent, les produits de la chasse et de la pêche.

Les Loangos. — A Loango et dans les environs, habite la race connue sous le nom de *Loangos*. Ces indigènes se prétendent plus civilisés que les autres ; ils sont préférés par les Européens qui les emploient comme domestiques et comme porteurs entre Loango et Brazzaville et vice-versa.

IX. — Maisons de commerce déjà établies. — Dépenses d'établissement.

Je donne, ci-après, la nomenclature par rang d'importance des des maisons établies au Congo avec l'indication des différents points où elles sont installées.

MAISONS	AGENCE PRINCIPALE	ÉTABLISSEMENTS
Hatton & Cookson de Liverpool.	Libreville. . . .	Rivières : Benito, Mouny, Komo et Rhemboé, Ogowé, Fernan-Vaz, Setté-Cama, Mayumba. Lagunes : Bindo et Punta-Bonda.
Holt & Cie de Liverpool.	Libreville. . . .	Batah, rivières : Komo et Rhemboé, cap Lopez, rivière Ogowé, Fernan-Vaz, Setté-Cama.
C. Woermann & Cie de Hambourg.	Libreville. . . .	Batah, rivières : Komo et Rhemboé, cap Lopez, rivière Ogowé. Setté-Cama, Nyanga, Mayumba.
Daumas & Cie de Paris.	Libreville. . . .	Batah, rivières : Mouny, Moundad, cap Lopez, rivière Ogowé, Loango, Brazzaville.
P. Sayoux & Cie du Havre	Libreville. . . .	Batah, rivières : Mouny, Moundah, Komo et Khemboé. Cap Lopez, rivière : Ogowé.

A Libreville sont, en outre, quelques détaillants ne faisant que la place, dont les principaux sont : Brandon (français) et de Bettencourt (portugais).

Indépendamment des quatre dernières maisons citées plus haut, qui sont installées à Batah, ce pays est encore exploité par la maison allemande Jantzen et Thormahlen ; mais celle-ci serait, paraît-il, décidée à céder sa factorerie, si elle trouvait acquéreur.

Loango et le Haut-Congo, en dehors des établissements de la maison Daumas et Cie, de Paris, possèdent des comptoirs appartenant à une Compagnie hollandaise « Nieuwe Afrikaanschhandels Vennopschaps » de Rotterdam, assez puissante, qui est également installée dans le bassin du bas Kiliou.

De l'embouchure du Kiliou à Massabi, exercent leur trafic une foule de petits négociants de nationalité portugaise peu importants et ne méritant pas de mention particulière. Je n'indiquerai que les deux principaux : Da Silveira et Cie et une compagnie portugaise auxquels j'ajouterai la maison Parkès et Cie (celle-ci américaine).

Dépenses d'installation. — Eu égard au grand nombre de sous-factoreries que devrait créer une maison qui voudrait s'installer sérieusement à Libreville, dans l'Ogowé et sur le littoral, entre Batah et Loango, et pratiquer sur un certain pied l'exploitation générale de la colonie, les dépenses de premier établissement seraient nécessairement importantes. J'estime que la création de ces diverses factoreries assorties de leur matériel, comprenant des chaloupes à vapeur et embarcations de toutes sortes, pourrait se monter à une somme approximative de 3 à 400,000 francs.

Quant au capital de roulement, les communications fréquentes et régulières de la colonie avec la métropole, en facilitant les expéditions de produits et le renouvellement des assortiments de marchandises, permettent de travailler avec des capitaux plus restreints qu'autrefois. Je crois, en conséquence, qu'avec une sage administration, une somme de 5 à 600,000 francs pourrait suffire. Il serait naturellement loisible au négociant d'augmenter ce chiffre au gré de ses moyens et du développement qu'il voudrait donner à ses affaires, mais, je le répète, à mon avis, les capitaux que je viens d'indiquer pourraient permettre à un nouveau venu de traiter sa part de produits et d'occuper une place honorable parmi les maisons déjà existantes dans la colonie.

Quant à une installation dans le Haut-Congo, Brazzaville et dépendances, j'estime qu'elle demanderait, entre matériel et marchandises, un capital d'au moins 5 à 600,000 francs.

Tel est mon rapport que j'ai dressé en toute sincérité, en me gardant soigneusement de toute exagération, soit dans un sens, soit dans l'autre.

Au cours de mon voyage et dans mes appréciations, j'ai cherché à mettre à profit l'expérience des choses d'Afrique que m'a donnée un séjour antérieur de 10 années dans la colonie anglaise de Sierra-Leone.

En terminant, je remercie Monsieur le Président de la Chambre de Commerce de la confiance qu'il m'a témoignée, en me confiant la mission que je viens d'accomplir et que je me suis efforcé de remplir de mon mieux.

Ch. BARTHELMÉ.

Marseille, 9 février 1892.

ANNEXES

TABLEAU A.

DOUANE DE LIBREVILLE

Exportations de l'année 1890.

	FRANCE		ÉTRANGER	
	QUANTITÉS	VALEUR	QUANTITÉS	VALEUR
Ivoire au-dessous de 10 kil...	1.954	29.265	24.104	361.500
— au-dessus de 10 kil....	320	8.000	14.439	360.975
Caoutchouc............	23.582	94.327	493.245	1.972.981
Bois d'ébène...........	391.762	97.940	964.476	241.138
Bois rouge Santal........	1.644.795	131.584	748.100	59.848
Bois d'ébénisterie........	92.130	41.458	3.000	1.350
Noix de colas...........	6.487	19.461	»	»
Palmistes..............	8.324	2.011	94.860	22.767
Huile de palme.........	3.021	1.359	16.947	7.626
Gomme copale..........	3.000	6.000	205	410
Cafés.................	»	»	2.520	5.060
Cuirs.................	2.950	2.950	5.000	5.000
Écailles de tortue, cire, cornes straphantus, etc., etc......	»	2.855	»	36.044
TOTAUX........	»	437.210	»	3.074.756

Tableau B.

DOUANE DE LIBREVILLE

Exportations du 1er Septembre 1891.

	FRANCE		ÉTRANGER	
	QUANTITÉS	VALEUR	QUANTITÉS	VALEUR
Ivoire au-dessous de 10 kil...	2.407	36.105	10.386	155.790
— au-dessus de 10 kil...	358	8.950	1.926	48.148
Caoutchouc............	11.553	46.212	158.821	635.286
Bois d'ébène............	210.754	52.689	295.245	73.817
Bois rouge Santal.........	»	»	285.089	22.807
Bois d'ébénisterie.........	»	»	406	122
Noix de colas............	»	»	6.711	20.133
Palmistes..............	5.013	1.203	8.825	2.419
Huile de palme..........	5.300	2.385	4.081	1.835
Gomme copale...........	»	»	»	»
Café.................	»	»	1.690	3.380
Cuirs.................	»	»	1.200	1.200
Écailles de tortue, cire, cornes, straphantus, etc., etc....	»	560	»	8.973
Totaux......	»	148.104	»	973.610

Tableau C.

DOUANE DE LOANGO

Exportations de Juin, Juillet et Août 1891.

	POIDS	VALEUR
Ivoire.	14.232	284.640
Caoutchouc	81.041	283.643
Palmistes	114.329	22.865
Huile de palme	18.497	9.249
Totaux.	»	600.397

TABLEAU D.

DOUANE DE LIBREVILLE

Importations de l'Année 1890 et du 1er Semestre 1891.

	ANNÉE 1890		1er SEMESTRE 1891	
	FRANCE	ÉTRANGER	FRANCE	ÉTRANGER
Tissus teints ou imprimés	4.988	512.782	1.311	158.405
Tissus de toutes sortes.	9.007	48.235	9.233	15.281
Vêtements confectionnés	36.013	138.617	22.040	58.523
Quincaillerie, couteaux, etc. . . .	35.674	276.353	42.733	119.982
Fusils	4.303	134.207	545	24.685
Poudre, cartouches, etc.	3.298	80.322	578	15.709
Alcool.	177.320	32.568	85.093	10.554
Liqueurs, vins et autres	119.847	57.525	45.693	23.858
Sel	»	45.664	»	17.103
Tabac	8.593	127.756	862	33.708
Conserves diverses.	91.643	222.378	52.176	126.992
Sucre, chocolat, café, etc.	29.571	60.591	7.299	16.479
Huiles.	11.752	12.540	5.446	4.697
Métaux bruts	379	27.260	185	1.883
Bois de construction.	15.865	17.312	8.240	855
Briques, tuiles, chaux, etc	24.182	11.099	9.912	353
Brai, goudron et pétrole	497	23.887	834	16.007
Parfumerie	33.823	72.543	6.673	19.316
Savons et bougies	15.329	28.560	8.945	13.208
Faïence et verrerie	14.232	54.605	11.624	18.640
Papeterie	15.386	21.827	4.758	11.219
Chapeaux	10.000	38.456	5.100	11.382
Animaux	»	17.715	»	10.300
Marchandises diverses.	74.341	169.390	64.641	84.947
TOTAUX	736.043	2.262.189	393.918	814.086

COLONIE DU CONGO FRANÇAIS

DOUANES

TARIF

DES DROITS A L'IMPORTATION

Dans les territoires du GABON, de l'OGOWÉ, du FERNAN-VAZ, et de N'GOWÉ par application des Décrets des 18 et 25 Novembre 1890.

Libreville, le 14 Février 1891.

Vu et approuvé :
Le Commissaire général,
P. S. DE BRAZZA.

Par le Commissaire général :
Le Directeur de l'Intérieur,
C. CERISIER.

DÉSIGNATION DES PRODUITS	UNITES sur lesquelles portent les droits	QUOTITÉ des droits sur les marchandises étrangères de toutes provenances	QUOTITÉ des droits sur les marchandises françaises
Animaux vivants			
Animaux vivants de toutes sortes.	Tête	Exempts	Exempts
Produits et dépouilles d'animaux			
Viandes fraîches	100 kil. B	1 »	d°
Lard et porc salé.	d°	5 »	d°
Jambons et langues fumés.	d°	10 »	d°
Saucissons	d°	10 »	d°
Autres conserves de toutes sortes	d°	10 »	d°
Graisses autres que de poisson, etc.	d°	1 »	d°
Lait condensé, non sucré	d°	6 »	d°
Beurre salé ou de conserve	d°	5 »	d°
Fromages de toutes sortes.	d°	8 »	d°
Peau et pelleterie brutes.	d°	Exemptes	d°
Engrais d'origine animale.	d°	Exempts	d°
Pêches			
Poissons frais.	100 k.	Exempts	d°
Poissons secs, salés ou fumés.	100 kil. B	» 60	d°
Poissons, homards et langoustes, marinés ou autrement conservés.	d°	10 »	d°
Graisse de poissons.	d°	Exemptes	d°
Matières végétales (*Farineux alimentaires*)			
Céréales de toutes sortes, grains, riz, légumes, farines.	100 kil. B	» 50	d°
Pommes de terre	d°	2 »	d°
Biscuits de mer.	d°	1 »	d°
Pâtes d'Italie, gruaux, semoules, etc.	d°	3 »	d°
Fruits et Graines			
Fruits frais.	100 kil.	Exempts	d°
Fruits secs ou tapés.	100 kil. B	5 »	d°
Fruits conservés ou confits à l'eau-de-vie . . .	hect. de c	50 »	d°
Fruits conservés ou confits au sucre et au miel. .	100 kil. B	10 »	d°
Fruits conservés ou confits autres.	d°	5 »	d°
Graines à ensemencer et autres.	d°	Exemptes	d°
Denrées Coloniales de consommation			
Chocolat	Le kil. B	« 10	d°
Sirops, confitures, bonbons et biscuits sucrés. . .	100 kil. B	10 »	d°

DÉSIGNATION DES PRODUITS	UNITÉS sur lesquelles portent les droits	QUOTITÉ des droits sur les marchandises étrangères de toutes provenances	QUOTITÉ des droits sur les marchandises françaises
Denrées coloniales de consommation (Suite)			
Épices préparées ou non.............	100 kil. N	15 »	d°
Thé...............................	Le kil. N	» 50	d°
Tabacs en feuilles et liamba...........	d°	» 40	d°
Tabacs fabriqués, à fumer, à priser ou à mâcher.	d°	» 60	d°
Tabac. fabriqués, cigares............	d°	1 »	d°
Tabacs fabriqués, cigarettes..........	d°	1 »	d°
Sucres bruts.......................	100 kil. B	5 »	d°
Sucres raffinés ou assimilés aux raffinés...	100 kil. B.	8 »	Exempts.
Café............................	d°	6 »	d°
Cacao...........................	d°	3 50	d°
Vanille..........................	Kilogr.	Exempts.	d°
Huiles et sucs végétaux			
Huiles fixes, pures d'olives et autres......	100 kil. B.	6 »	d°
Essences de térébenthine, baumes, sucs, etc...	d°	Exempts.	d°
Espèces Médicinales			
Racines, herbes, feuilles, fleurs, fruits et écorces.	100 kil.	Exempts.	d°
Bois			
Bois communs à construire de toutes sortes, bruts équarris ou sciés..................	100 kil.	Exempts.	d°
Bois, mâts, mâtereaux, espars, pigouilles, manches de fouines...................	d°	d°	d°
Merrains et douvelles................	d°	d°	d°
Bois feuillard.....................	d°	d°	d°
Autres...........................	d°	d°	d°
Liège brut, râpé ou en planches.........	100 kil. B.	5 »	d°
Fruits, tiges et filaments à ouvrer			
Fruits, tiges et filaments à ouvrer (y compris les étoupes).......................	100 kil.	Exempts.	d°
Teintures et tanins			
Végétaux de toutes sortes, propres à la teinture et au tannage.....................	100 kil.	Exempts.	d°
Produits et déchets divers			
Légumes verts.....................	100 kil.	Exempts.	d°
Légumes salés, confits, ou conservés, y compris les truffes et les champignons..........	100 kil. B.	5 »	d°
Son............................	d°	Exempt.	d°

DÉSIGNATION DES PRODUITS	UNITÉS sur lesquelles portent les droits	QUOTITÉ des droits sur les marchandises étrangères de toutes provenances	QUOTITÉ des droits sur les marchandises françaises
Matières minérales			
Pierres de construction, brutes et ouvrées, pavés, pierres servant aux arts et métiers.	do	do	do
Filtres de Ténériffe et autres.	do	do	do
Meules.	do	do	do
Ardoises, carreaux, briques et tuiles de toutes sortes	Le mille	3 »	do
Chaux, ciment et plâtre.	100 kil. B.	» 60	do
Brai gras, goudron et coaltar.	do	» 50	do
Huiles de schiste, pétroles, autres huiles minérales pour l'éclairage.	Hectolit.	3 »	do
Houille, coke et autres combustibles minéraux.	100 kil. B.	» 15	do
Métaux			
Or, platine et argent brut, laminé ou filé	Valeur	0 25 p. %	Exempts
Fer en barres, fonte de toutes sortes, tôle et acier	100 kil. B.	2 00	do
Fer étamé (fer blanc) cuivré, zingué ou plombé	do	3 50	do
Cuivre en masses, barres, saumons ou plaques, battu ou laminé.	do	6 00	do
Plomb en masses, barres, saumons ou plaques, battu ou laminé.	do	3 00	do
Etain en masses, barres, saumons ou plaques, battu ou laminé.	do	8 00	do
Zinc en masses, barres, saumons ou plaques, battu ou laminé.	do	4 00	do
Fabrication			
Produits Chimiques			
Sel marin et sel gemme.	100 kil. B.	0 40	do
Tous autres produits chimiques.	Valeur	5 p. %	do
Couleurs			
Vernis à l'alcool.	Hectolitre	100 00	do
» autres.	100 kil. B.	3 00	do
Couleurs préparées ou non, de toutes sortes.	do	3 00	do
Encres de toutes sortes.	Le litre	0 15	do
Crayons de toutes sortes.	Kil. N.	0 30	do
Compositions diverses			
Parfumeries, savons.	100 kil. N.	20 00	do
» autres alcooliques.	Hectolitre	100 00	do
» » non alcooliques.	100 kil. N.	16 00	do
Savons autres que ceux de parfumerie.	100 kil. B.	8 00	do

DÉSIGNATION DES PRODUITS	UNITÉS sur lesquelles portent les droits	QUOTITÉ des droits sur les marchandises étrangères de toutes provenances	QUOTITÉ des droits sur les marchandises françaises
Compositions diverses (Suite).			
Bougies de toutes sortes	100 kil. N.	16 00	dº
Chandelles de toutes sortes	100 kil. B.	6 00	dº
Médicaments composés	»	Exempts	dº
Boissons			
Cidre, bière, limonade	Hectolitre	5 00	
Eaux minérales	»	Exemptes	
Vins titrant moins de 16º	Hectolitre	5 00 (1)	
Vins titrant 16º et au-dessus	dº	10 00	dº
Vermouth et vins aromatisés	dº	30 00	dº
Vins mousseux	la bouteille	0 40	dº
Vinaigre	Le litre	0 05	dº
Alcool à 50º centigrades et au-dessus (trois-six)	l'hectolitre de liquide	100 00	40 »
Alcool de 25 à 49º	dº	60 00	(2) 24 »
Eaux-de-vie et liqueurs de traite, titrant moins de 25º	dº	40 00	16 »
Liqueurs autres	dº	60 00	24 »
Poteries			
Poteries, porcelaines et faïences de toutes sortes	100 kil. B.	2 00	
Verres et cristaux de toutes sortes, y compris les glaces et miroirs	100 kil. N.	15 00	
Fils			
Fils de lin, chanvre et coton	Valeur	10 p. %	(3)
Fils de laine et de soie	dº	dº	
Tissus			
Tissus écrus de lin, chanvre et coton	Valeur	10 p. 0/0	Exempts
Tissus de laine	Idem	Idem	dº
Tissus de soie	Idem	Idem	dº
Tissus de jute	Idem	Idem	dº
Les tissus teints ou imprimés	Idem	20 p. 0/0	dº
Passementerie de toutes sortes à l'exception de la passementerie d'or et d'argent fins	Idem	Idem	dº

(1) Chaque bouteille compte pour un litre entier.
(2) Les degrés seront mesurés par l'alcoomètre de Guay-Lussac. Chaque bouteille compte pour un litre entier.
(3) Avec faculté de préemption, les fils tissés d'or et d'argent suivant le régime de l'orfèvrerie. — Les fils mélangés sont tarifés d'après la matière dominant en poids.

— 71 —

DÉSIGNATION DES PRODUITS	UNITÉS sur lesquelles portent les droits	QUOTITÉ des droits sur les marchandises étrangères de toutes provenances	QUOTITÉ des droits sur les marchandises françaises
Tissus (Suite).			
Sacs, y compris ceux destinés à l'exportation des produits du pays	Pièce	0 02	d°
Vêtements confectionnés, y compris la lingerie cousue.	Valeur	10 p. 0/0	d°
Papier et ses applications			
Livres, imprimés, gravures, estampes, lithographies, photographies et dessins de toutes sortes sur papier, cartes géographiques ou marines, musique gravée ou imprimée	»	Exempts	d°
Papier et toutes ses autres applications . . .	100 kil. B.	10 00	d°
Peaux et Pelleteries ouvrées			
Chaussures, sellerie, tous autres ouvrages en peau ou en cuir.	100 kil. B.	30 00	d°
Ouvrages en métaux			
Ouvrages en fer, fonte ou acier.	100 kil. B.	4 00	d°
Ouvrages en fer blanc	Idem	6 00	d°
Ouvrages en cuivre.	100 kil. B.	12 00	d°
Ouvrages en plomb ou en zinc.	100 kil. B.	6 00	d°
Ouvrages en étain.	100 kil. B.	12 00	d°
Machines étrangères.	Valeur	10 p. 0/0	d°
Orfèvrerie et bijouterie fausse ou en or, argent ou autres métaux précieux.	kil. N.	5 00	d°
Horlogerie.	Valeur	10 p. 0/0	d°
Outils de toutes sortes.	100 kil. B.	8 00	d°
Aiguilles et hameçons.	kil. N.	1 00	d°
Épingles de toutes sortes	Idem	0 20	d°
Coutelleries de toutes sortes.	100 kil. N.	40 00	d°
Plumes à écrire autres qu'en métaux précieux.	kil. N.	1 00	d°
Clous, vis et boulons en cuivre	100 kil. N.	10 10	d°
Ancres, câbles et chaînes en fer.	Idem	2 50	d°
Armes, poudres et munitions			
Armes de traite, fusils à silex, sans hausses ni rayures	Pièce	2 00	» 80
Autres armes dont l'introduction est autorisée.	Valeur	20 p. 0/0	8 p. 0/0
Capsules et douilles amorcées.	kil. N.	0 75	» 30
Poudre à tirer, de chasse	kilog.	1 00	1 60
Poudre de traite.	kil. N.	0 30	» 12

DÉSIGNATION DES PRODUITS	UNITÉS sur lesquelles portent les droits	QUOTITÉ des droits sur les marchandises étrangères de toutes provenances	QUOTITÉ des droits sur les marchandises françaises
Armes, poudres et munitions (Suite).			
Cartouches à balles.	Le cent	4 00	1 60
Cartouches à plomb.	Le cent	3 00	1 20
Plomb de chasse.	100 kil. B.	5 00	2 00
Artifices pour divertissements.	Kil. N.	0 30	Exempts
Meubles			
Meubles de toutes sortes, y compris les cadres, montés ou non.	Valeur	10 p. 0/0	d°
Ouvrages en bois			
Futailles vides montées ou démontées.	Pièces	Exempts	d°
Tous autres ouvrages en bois non dénommés.	100 kil. B.	5 00	d°
Instruments de musique			
Instruments complets et accessoires de toutes sortes.	Valeur	10 p. 0/0	d°
Ouvrages de vannerie			
Sparterie et corderie			
Cordages et ficelles de toutes sortes.	100 kil. B.	2 00	d°
Ouvrages de vannerie, sparterie et corderie non dénommés.	d°	10 00	d°
Ouvrages en matières diverses			
Embarcations de mer et de rivière.	Ton. de f.	1 50	d°
Agrès et appareaux de marine non dénommés.	100 kil. B.	2 50	d°
Ouvrages en caoutchouc et en guttapercha.	d°	20 00	d°
Feutres et ouvrages en feutre autre que les chapeaux.	Kil. B. 100	20 00	d°
Chapeaux de toutes sortes.	Pièce	0 20	d°
Liège ouvré de toutes sortes.	100 kil. B.	9 00	d°
Bésicles, lunettes, lorgnons et jumelles.	100 kil. N.	100 00	d°
Autres instruments d'optique et appareils scientifiques.	»	Exempts	d°
Allumettes chimiques en bois.	100 kil. N.	12 00	d°
Allumettes autres qu'en bois.	d°	20 00	d°
Parapluies et parasols en soie.	d°	20 00	d°
Parapluies et parasols autres.	100 kil. B.	10 00	d°
Marchandises non dénommées.	Valeur	10 0/0	d°

EXEMPTIONS

Indépendamment des exemptions déjà spécifiées dans le tarif qui précède, sont exemptés de tous droits :

1° Tout ce qui est destiné aux travaux ou aux approvisionnements du service marine ou du service colonial est adressé au chef de la colonie ;

2° Les approvisionnements en vivres destinés aux services de la marine militaire, des troupes et qui ne devront pas être consommés dans la colonie : les bois, fers et généralement toutes les matières employées pour la confection et l'entretien du matériel militaire dans les constructions navales ou pour la fabrication d'objets servant à la navigation ; les combustibles et toutes autres matières embarquées sur les bâtiments de l'Etat pour être consommés ou employés en mer. Ces approvisionnements seront placés sous le régime de l'entrepôt ;

3° Les effets des voyageurs ne sont soumis à aucun droit, lorsqu'ils portent des traces d'usage et que les quantités sont en rapport avec la position sociale des propriétaires. Cette immunité est applicable dans tous les bureaux de la douane. Elle doit être accordée, même quand les objets n'accompagnent pas les voyageurs. Les chefs locaux apprécient ce qu'il est convenable de faire pour prévenir tout abus ou pour éviter toute rigueur inutile.

Les vêtements neufs, le linge neuf, le tabac et les cigares, les petites pharmacies de voyage, compris dans les bagages des voyageurs, doivent être soumis aux droits.

Il en est de même des denrées de consommation, à moins qu'il ne s'agisse de très petites quantités formant un restant de provision de route.

4° Les objets de toute nature composant le mobilier des Français et des Etrangers qui viennent s'établir dans la colonie ou qui y rentrent après l'avoir quittée sont admissibles en franchise, quand, notoirement destinés à l'usage des importateurs et de leur famille, ils portent des traces de service. L'immunité s'applique à tous les objets d'ameublement, y compris les tapis et tapisseries de toutes sortes, aux habillements, aux linges de corps, de lit, de table et de cuisine, à la verrerie, à la vaisselle (y compris les porcelaines), aux pianos et autres instruments de musique, à l'argenterie, sauf à assurer, quand il y a lieu, la perception du droit de garantie, et aux ustensiles quelconques de ménage ; en un mot à tout ce qui constitue le mobilier, pourvu que les objets soient en cours d'usage ; mais ces dispositions ne sont pas applicables aux provisions de ménage, aux voitures suspendues, chevaux et aux harnais ;

5° Les effets et vêtements personnels, même neufs, destinés à toute époque aux membres d'une mission politique, commerciale, géographique ou scientifique, donnée par le Gouvernement français.

www.ingramcontent.com/pod-product-compliance
Lightning Source LLC
LaVergne TN
LVHW051512090426
835512LV00010B/2497